3 权力游戏

君玉离 萧十二 编著

浙江工商大学出版社

·杭州·

图书在版编目（CIP）数据

春秋 / 君玉离，萧十二编著 . —杭州：浙江工商大学出版社，2022.9

（有料更有趣的朝代史 / 胡岳雷主编）

ISBN 978-7-5178-4832-5

Ⅰ.①春… Ⅱ.①君… ②萧… Ⅲ.①中国历史—春秋时代—通俗读物 Ⅳ.① K225.09

中国版本图书馆 CIP 数据核字（2022）第 021191 号

春 秋
CHUN QIU

君玉离　萧十二　编著

责任编辑	王　耀　张晶晶
责任校对	何小玲
封面设计	吕丽梅
责任印制	包建辉
出版发行	浙江工商大学出版社 （杭州市教工路 198 号　邮政编码 310012） （E-mail: zjgsupress@163.com） （网址：http://www.zjgsupress.com） 电话：0571-88904980，88831806（传真）
排　　版	北京东方视点数据技术有限公司
印　　刷	唐山富达印务有限公司
开　　本	787mm×1092mm　1/32
印　　张	28
字　　数	536 千
版 印 次	2022 年 9 月第 1 版　2022 年 9 月第 1 次印刷
书　　号	ISBN 978-7-5178-4832-5
定　　价	198.00 元（全四册）

版权所有　侵权必究

如发现印装质量问题，影响阅读，请和营销与发行中心联系

联系电话　0571-88904970

目 录

第一章 乱中取胜,在内乱中走向复兴

晋景公尊王攘夷 _ 003

重伤也不能下火线 _ 009

拉一个,打一个 _ 015

赵氏孤儿 _ 021

呜,掉粪坑里了 _ 027

第二章 弭兵大会,春秋时代的"和平会议"

我们做朋友吧 _ 033

战争,永恒的主题 _ 039

两极格局,晋楚双霸 _ 046

倒计时的和平 _ 052

第三章 重振雄风,重新登上霸主巅峰

要么不打,打就要打死 _ 061

魏绛的强国术 _ 066

晋悼公的本事 _ 073

把窝边草整理好 _ 080

回炉重铸的霸主晋国 _ 089

第四章 内乱迭起,多年霸业尽倾颓

别为娘家人得罪婆家人 _ 099

外强中干的无奈霸主 _ 105

瘦死的骆驼也能尊王攘夷 _ 112

盟会虎头蛇尾,霸业也是虎头蛇尾 _ 117

第五章 穷兵黩武,残暴灵王消耗国运

楚灵王血腥继位 _ 125

楚王好细腰 _ 131

大杀四方 _ 136

缢死自己为终 _ 142

第六章 日薄西山,难以抵挡的内忧外患

父王,还我媳妇 _ 151

用人才，既要开源更要节流 _ 157

杀父仇人，死了也不能放过 _ 163

哭出来的援兵 _ 171

两个人的政变 _ 176

第七章　大国中兴，好运与智慧兼具的齐景公

天上真能掉馅饼 _ 185

求求你，帮我杀了我儿子 _ 192

矮个子的大事业 _ 199

从田穰苴到司马穰苴 _ 205

霸主轮流做，何时到我家 _ 211

第一章

乱中取胜，在内乱中走向复兴

晋景公尊王攘夷

虽然晋国自从晋襄公去世后国势衰落,在与楚国的争霸中居于劣势,但毕竟是称霸多年的大国,蛰伏中也在慢慢复兴,这次复兴的关键人物却是一位以残暴昏庸的形象定格在人们心中的国君晋景公。事实上,真正的晋景公并不像传奇故事《赵氏孤儿》中那样残忍暴虐,晋景公在位时,正是晋国内忧外患的时刻。对内,朝野派系林立,矛盾重重;对外,晋国在与楚国的争霸中逐渐落于下风,还有诸多游牧民族时时侵扰。景公上位之后,调和大臣矛盾,使国家避免深陷内耗不得脱身,对外用兵征讨戎狄,为晋国扫清外部环境，令其可以腾出手来与楚国争雄。

晋景公面对的是他的父亲晋成公留下的一个烂摊子，赵盾在朝内兴风作浪，结党营私，破坏了晋国一贯良好的政治氛围；而他飞扬跋扈的做派和见利忘义的品性也让晋国为此背了不少骂名，诸多小国因为赵盾的存在而疏离晋国，靠近楚国。

赵氏一族在国内的专权势必会影响晋国外事的不力。景公三年，楚国伐郑，郑国可以算是晋国在中原之地的铁杆盟友，晋国自然不能坐视不理。于是，晋国以荀林父挂帅，带兵驰援郑国。在荀林父帐下，共有统兵将领十二人，赵氏一族占去三分之一，还有依附于赵氏的韩、郤等族。由此，荀林父被架空，军权尽归赵氏，晋军轻敌冒进，被打得大败，严重挫伤了晋国的锐气。

晋国的失败，不仅让其失去了诸多小国对它的信心，也让很多游牧民族起了趁火打劫的念头。这些游牧民族支系众多，被华夏国家统称为"狄"，其中"长狄"和"赤狄"是势力较大的两个。

在中原诸国没有因为彼此间不断攻伐而实力下

降之前，这些"狄"并不能对它们构成实质性的威胁。尽管生存的需要使得这些民族不断侵扰中原国家，但结果往往十分惨重，而炫耀自己对狄作战的胜利，一时间竟成为中原诸侯间流行的活动。

晋国和赤狄之间的摩擦比较频繁，晋国的国君晋成公制定了以退为进的策略，对于赤狄的小规模骚扰置之不理，却暗度陈仓，与其他狄族结盟，主动放下身段，与它们交好，就这样，赤狄被孤立了。

赤狄毕竟实力深厚，不能一举歼灭，晋国对之也是软硬兼施，勉强控制。时间来到景公六年，这一年发生了一件事情，成为晋国决心对赤狄下手的导火索。

晋国和赤狄中最为强大的支系之一潞国联姻，晋景公的姐姐嫁到了潞国。潞国的大臣丰舒对晋国极为仇视，将晋景公的姐姐杀死。晋景公大怒，下定决心剿灭赤狄以绝后患。晋国的大臣认为晋国近况不佳，加之丰舒又是一个很有能力的大臣，此时的赤狄并不是一块软骨头。

但是大夫宗伯认为此时讨伐赤狄正是时候，他说虽然丰舒的确是一位能臣，但是他把他的能力用于邪道，没有造福于民。就此，他的能力越大，罪过就越多，自取灭亡的速度就越快。如果晋国现在不讨伐赤狄，今后就难以找到一个借口再去讨伐了。

于是晋景公下令出兵，荀林父再度挂帅，征讨过程相当顺利，不到一个月就将潞国一举消灭。丰舒逃亡到卫国，卫国将其押解到晋国，晋国将其处死。

经此一战，晋国恢复了作为大国强国的自信，晋景公犒劳三军，加封荀林父千户。对于当初为兵败的荀林父求情的士伯也予以赏赐。大夫羊舌职在总结这次胜利的原因时认为，《尚书》告诫君王应当任用恭敬严谨之士是很有道理的。士伯为荀林父求情，景公采纳了，并对他也委以重任，体现了景公的仁慈与智慧。周文王之所以能够统领天下，在于德政。君王实行德政，自会获得民心，那么国家就无往不利。

晋国没有就此停步。次年，晋国出兵讨伐赤狄中的贾氏等国，将其吞并。晋景公将俘虏献于周天子，并为此次领兵作战的士会请求国卿的名号，周天子同意了。于是，士会被封为国卿，并加封太傅，晋国军、政大权集于一身。士会威望颇高，对晋国的其他大臣形成了强大的震慑力。

在治理国家方面，晋国全面走上了礼仪教化的道路。晋景公曾经任用了一个叫郤雍的人，此人能力超群，可以从人的眉宇之间的细微表情判别忠奸。于是景公令其捕盗，效果很好。赵文子却对此不以为然，并对景公说这种方法难以长期施行，郤雍本人甚至难以长命。果不其然，郤雍超凡的能力为其引来了灾祸，晋国的盗贼都知道有这么一个人在负责拘捕他们，于是郤雍被杀害了。

晋景公对此感到惊骇，求问于赵文子治国之道。赵文子建议景公不如大力实施教化，任用贤明的人才，使国家的风气得到净化，人人知晓礼义廉耻，这样晋国就可以国泰民安。

鲁宣公十六年（公元前593年），周王室发生了臣子间的互相倾轧，王孙苏使人暗杀了自己的政敌毛氏和召氏并逃到了晋国，晋国派士会赴周朝进行调解，平息了事态。而士会回国之后，按照周天子的礼仪标准治理国家，使得晋国的国风更上一层。

数年后，晋国联合其他诸侯国，消灭了赤狄的最后一个支系，彻底消除了晋国周边游民的威胁。

晋景公把晋国从暗弱之中带了出来，使晋国重新走上了上升的道路，而春秋时晋、楚二国势均力敌的争霸格局再度形成。

重伤也不能下火线

晋国荡平了赤狄之后，实力大为增强，又进行了几次小规模扩张，与秦国、齐国都有了摩擦。

鲁宣公十七年（公元前592年），晋国派郤克出使齐国，邀请齐国参加会盟。齐国国君因为郤克腿脚不便嘲笑了他，郤克怀恨在心，回国后就要求晋国出兵讨伐齐国。景公认为此时伐齐时机未到，没有答应郤克的请求，郤克又要求仅仅带领自己的族人进行讨伐，景公亦不许。

齐国国君听说晋国已经在讨论伐齐的事情了，急忙派使臣奔赴晋国参加会盟，而自己出于畏惧不肯去，这更是激怒了晋国。于是晋国把齐国派去的使臣全都逮捕了。晋国和鲁、卫、曹等国家先后两次在断道、卷楚会盟，将齐国排除在外。

大臣苗贲皇建议晋景公不要做得过于严苛，导致诸侯认为晋国没有善意，于是景公特意放松了对这些齐国使者的看管力度，让他们顺利逃跑。此时士会年事已高，知道郤克对自己的位置虎视眈眈，急欲借助权力调动晋国军队伐齐。于是士会告老还乡，把位置让给郤克，郤克随即组织伐齐。晋国的伐齐并没有成行，心怀畏惧的齐王迅速与晋国讲和，以子为质，换得了晋国撤军。

彼时鲁、卫两国都希望趁着晋、齐冲突而在齐国身上占些便宜，为平日里受齐国的欺负出口气。不料晋、齐之间没有打起来。鲁国不想就此善罢甘休，于是转而说服楚国，令其出兵，不料楚国因楚庄王的去世而处在国丧之中，一兵一卒都不能迈出国门，鲁国的图谋再一次破产。齐国知道鲁国背地里的这些动作之后自是恼怒不已，于是和楚国结盟，待到其国丧结束，就联合伐鲁。

此时对于鲁国而言，晋国就是其唯一的救命稻草。鲁国国君一方面整兵备战，另一方面命人时时做好准备，一俟齐、楚进军鲁国，立刻去晋国求救。

不久之后，齐军果然进犯鲁国，不过出师不利，在攻击边境城市龙邑的时候，齐王宠臣被俘，龙邑人不听齐王要求将宠臣斩首暴尸，齐王大怒，下令军队猛攻三日，城破。齐军一路开进，直达巢丘。

卫国作为鲁国的盟友一向与之唇齿相依，此番不能坐视不管，于是派兵援救。在新筑之地，卫、齐两军相遇会战，卫败，齐军就势杀入卫国境内。卫军将领孙良夫只好奔赴晋国求救，在晋国国都，与鲁国派来求救的臧宣叔不期而遇，二人投奔晋国的好战者郤克。晋景公斟酌之下，觉得放任卫、鲁二国被齐国吞并对于晋国而言太过不利，于是同意派兵参战。郤克张口就向景公索取战车八百乘，景公答应了。

晋军浩浩荡荡杀向齐军，鲁、卫二国得到强援后，重新抖擞精神，组织军队再战，晋国的老盟友曹国也出军助拳，一时间形势大好。齐国也不畏惧，携之前屡次胜利的气势和晋国在靡笄山下一个叫鞌的地方拉开阵势，捉对厮杀。

齐顷公豪情万丈，叫嚣打败晋军再吃早饭，于是齐军蜂拥而上，连战马都不顾披甲。晋军一时被压制住了，主帅郤克为箭所伤，血一直流到鞋上，但他坚持不退，一直下令擂鼓，让晋军前进。郤克战车的驭手解张伤得更重，手臂被箭洞穿，鲜血染红了车轮，但他也咬牙作战，一手驾车，一手擂鼓。主帅的英勇对全军形成了巨大的鼓舞，晋军扭转了颓势，齐军溃败。晋军穷追不舍，绕山三圈，大夫韩厥一马当先，直奔齐王御驾而去，齐王将韩厥战车上的士卒先后射杀，但韩厥依旧不放。无奈齐王只得和臣子逢丑父互换位置，逢丑父最终被擒。

齐王也不是一个胆怯的人，他逃出晋军的追杀后，迅速组织力量，重新杀入敌阵，三进三出，希望能够救出逢丑父，无奈没有成功。齐军只好且战且退，晋军却锲而不舍。齐王无奈，只得认输求和。逢丑父被郤克擒获后，因怜其忠勇事君，郤克饶他不死。

齐王派人来到晋军营内，许诺纳贿割地，希望罢战息兵。晋国不依不饶，一定要齐王的母亲作为人质，并且要求齐国境内的田垄改变走向。这样的要求远远超出了齐国的接受底线，对于晋国及其盟国也没有太多的实利，在鲁国、卫国的调和下，晋国稍稍放宽了条件，于是各方议和。

在这次战争中，鲁国、卫国可谓是先悲后喜，先是被齐国狠狠打击，几乎要亡国，后来及时找到晋国，不仅收回了失地，还在后面的全面胜利中分了一杯羹，既向齐国出了一口恶气，又获得了不少实际利益，更巩固了与晋国的盟友关系，确保了自身安全，的确是大获丰收。

至于晋国，只不过是把一直以来想做又没敢做的事情付诸实践，并且效果不错。在战争中，晋国检验了自己作为中原大国的成色，同时通过这场战争的胜利证明了自己一直以来采取的发展道路的正确性，为今后与齐国、楚国的争霸奠定了信心。

不过，南方的楚国在这场战争中一直冷眼旁观，它绝不会坐视晋国一家独大。楚国就像螳螂身后的黄雀那样蛰伏着，观望着。齐、晋二国，无论谁胜谁负，楚国都是赢家，因为落败的大国，不仅实力削弱，而且会急于寻求更强大、更稳定的军事联盟，而楚国是它们的唯一选择。而得胜的一方，志得意满的同时难免出现疏漏，更容易丧失国际舆论的支持，这就给楚国对它们的征讨提供了口实。

果不其然，就在晋国还沉浸在胜利的喜悦中的时候，楚国出手了。

拉一个，打一个

晋国在对齐国战争中的获胜无疑就像一个宣言，昭示了其作为老牌强国的回归。另一方面，在齐晋战争中安静的楚国也完成了自己的策略布局，决定利用新的中原格局做些文章，在确保晋、齐制衡局面不被打破的前提下为本国谋求些战争利益。

于是在齐晋鞌之战当年冬天，楚国先后攻打卫国和鲁国，并侵占了鲁国的蜀邑。鲁国被迫向楚国求和，向楚国献上大量手工业者，又将公子衡送到楚国做人质。楚国随即在蜀邑举行了有十三个诸侯国参加的会盟，有效地抵消了鞌之战给晋国造成的有利影响。

晋国自然不会坐视楚国对晋国霸权的挑战，便于第二年再次联合鲁、卫、宋等国共同伐郑。虽然起初出师不利，被郑国击败，但晋国的国力一方面远强于郑国，而另一方面郑悼公由于与许灵公不和，被后者在楚共王面前进了谗言，因此也决定再次对晋国表示服从。作为对楚国的回击，晋国便趁势举行会盟。这一时期，晋国和楚国基本处于均势，双方均无彻底击败对方的实力，只能躲在幕后，你来我往，维持胶着的局面。

虽然如此，但晋景公依仗国力侵凌诸侯国的行为，却令诸侯渐渐离心离德。齐晋虽然在鞌之战中大打出手，但齐国毕竟是东方大国，是晋国要竭力拉拢的对象，特别是在秦国与晋国始终敌对的局势下就更有必要。于是晋国居然强令鲁国将齐国在鞌之战后归还的汶阳之田退还给齐国。这块汶阳之田夹在齐鲁之间，历经多次争夺。早先在齐桓公称霸时被夺去，后来鲁国大夫曹沫略施小计，取回了这块地；之后齐国再次夺取了这块地方，却在鞌之战后被迫退给了鲁国。如今晋国为了与齐国交好，又让鲁国放弃它。晋景公此举不但让鲁国颇为愤怒，也让其他诸侯国心寒。晋国的霸权渐呈颓势。

不过，这期间楚国的一场变乱，却也导致了晋国争霸战略的改变，使得晋国影响力下降的同时，楚国也自身难保。这就是楚国大夫申公巫臣的来投。

申公巫臣原本是楚国申地的长官。楚庄王平定陈国夏征舒内乱时，将其母亲夏姬掳回了楚国。夏姬是郑国公主，乃是春秋时有名的美女，申公巫臣一见大为倾心。可如此美色，楚庄王自然要捷足先登，申公巫臣为了自己的私欲，凭借三寸不烂之舌，极言夏姬引发了陈国的内乱，乃是不祥之兆，而诸侯也会因此怀疑楚庄王讨伐陈国的动机。申公巫臣说得天花乱坠，楚庄王便打消了这个念头。然而楚国司马子反见楚庄王不娶夏姬，也表示希望得到后者，申公巫臣只得又将前话依样画葫芦地对子反说了一遍。最终，楚庄王将夏姬赐给了楚国大将连尹襄老。

谁知连尹襄老不久就在邲之战中战死，这可给了申公巫臣一个诱骗夏姬的机会。他一面暗中怂恿夏姬回到郑国，另一方面又公然假称连尹襄老的尸首在郑人手中，需要夏姬亲自将其取回。楚庄王被申公巫臣的诡计迷惑，便命令夏姬回到了郑国。

没过多久，楚庄王去世，楚共王继位。申公巫臣见楚共王年幼，便决定逃离楚国，与夏姬快乐逍遥。他利用楚共王令其出使齐国的机会，半路逃到郑国，带着夏姬投奔了晋国。晋国对敌国前来的人才自然格外欢迎，不仅让他担任大夫，还将邢地赐给了他。

消息传到楚国，自然是朝野震动。其中子反发现受了蒙蔽，自然气得咬牙切齿。于是便联合令尹子重，请求楚共王将申公巫臣的族人斩尽杀绝。子重与申公巫臣也有矛盾。早先在楚国和宋国的战争中，子重立功颇多，曾经向楚庄王要求申邑和吕邑的部分土地作为封赏。然而申公巫臣却认为申和吕乃是楚国北方的战略缓冲地带，如果将其赐予臣下，则在面对晋国和郑国的进攻时就会处于劣势。楚庄王因此没有答应子重的要求。

积怨已久的子反和子重为了泄愤，杀掉了申公巫臣的族人子阎和子荡，又瓜分了其家产。平心而论，申公巫臣的所作所为虽然卑劣，但子反和子重的行为也有些过火。更何况，申公巫臣虽然诡计多端，但却能文能武，他在晋国知道自己家族的覆灭，痛心疾首，对子反和子重恨之入骨。他写信给两人，扬言一定要报复楚国，让两人疲于奔命，不得好死。

申公巫臣的主意是什么呢？就是建议晋景公联络东南的吴国，共同对付楚国。吴国虽然号称是吴太伯的后代，但由于远离中原，文化较为落后，一向被中原各国认为是蛮夷，不与其往来。申公巫臣认为，如果能联络吴国，对楚国形成夹击之势，则楚国必将焦头烂额，无力与晋国在中原一争高下，并自告奋勇要求出使吴国。

晋景公很欣赏申公巫臣的想法，便同意了他的请求。在此之前，晋国曾经在会盟中邀请吴国，但吴国并未响应。而申公巫臣则改变了吴人故步自封的态势。他毕竟是楚国的有名将领，能文能武，精通兵法，他从晋国带了三十辆兵车，教给吴军如何使用，如何布阵，又教给吴军武器制造和使用之法。经过一段时间的训练，吴国的军事实力突飞猛进，足以同中原诸国抗衡。申公巫臣的努力也得到了吴王寿梦的赞赏和喜爱，表示愿意同晋国合作，攻打楚国。

自此之后，吴国开始频频北上，攻打楚国及楚的属国，积极扩展势力。这一新情况让楚国狼狈不堪，楚共王完全没有想到后院居然会起火。子反和子重只得率军东奔西走，抵御吴军的进攻，一年之内居然跑了七个地方，真正是"疲于奔命以死"。

楚国自此陷入了同吴国的连年征战之中，不得不抽出大量精力应付后者，这也埋下了楚国衰落的祸根；而吴国借晋国的帮助，同中原各国逐渐产生了联系。最终在晋悼公的斡旋下，吴王寿梦举行了一次会盟。正式成为了中原诸侯的一员，为后来的吴国称霸奠定了坚实的基础。

赵氏孤儿

晋齐鞌之战沉重地打击了想与晋国一争短长的齐国，强化了晋国在中原的优势地位；而联吴制楚的策略也有效地牵制了楚国的注意力，使其无暇再与晋国争夺中原霸权。看起来，晋国的霸权似乎又在晋景公手中复兴了。可正所谓"人无远虑，必有近忧"，在晋国强盛一时的背后，隐藏着卿大夫之间越来越激烈的政治斗争。

说起下宫之难也许并不为人熟知，但如果说起赵氏孤儿则无疑是国人家喻户晓的历史故事。《史记·赵世家》记载，晋灵公时，赵氏家族的赵盾执掌晋国权柄。由于晋灵公行事荒唐，赵盾曾经屡次劝谏，不料晋灵公竟因此怀恨在心，与奸臣屠岸贾合谋，屡次刺杀赵盾。赵盾无法，只得出奔。不过还未出国境，其族弟赵穿已经在桃园杀死了晋灵公，赵盾得以重新掌权。

赵盾去世后，赵氏家族由其子赵朔继续执政。此时晋国国君已经换成了晋景公，而期间一度失势的屠岸贾也被重新起用，颇受宠信。屠岸贾因为赵盾之事，对赵氏家族深恶痛绝。于是便声称赵氏家族曾经弑君，应该受到惩罚。尽管三军司马韩厥极力反对，但在晋景公的默认下，屠岸贾还是私自率兵攻打赵氏家族所在的下宫，将赵朔以及赵盾的几个弟弟赵同、赵括（不是后世纸上谈兵的那位）、赵婴齐等斩尽杀绝，赵氏宗族一朝覆灭。只有赵朔的妻子——也是晋景公的姐姐——赵庄姬，在韩厥的警告下，事先逃到了宫中，幸免于难。

由于赵庄姬此时已经怀孕，不久又产下一名男婴。屠岸贾得知消息，便屡屡前来搜查，企图斩草除根。为了保全赵朔的血脉，赵朔的两个门客程婴和公孙杵臼便定下计策，程婴将自己刚出世的孩子替换了赵朔的孩子，又假意出卖了公孙杵臼，屠岸贾错将程婴之子杀死，以为从此高枕无忧。而程婴则带着真正的赵氏孤儿隐居起来。

十五年之后，晋景公偶然生病，占卜的结果是屈死的赵氏家族冤魂作祟。心中有愧的晋景公便询问韩厥该如何是好。知道赵氏孤儿尚在人间的韩厥趁机将实情相告。晋景公于是改变心意，将赵氏孤儿召入宫内，命其攻灭屠岸贾为赵氏家族报仇，又重新恢复了赵氏家族的地位。而大事已成的程婴最终自尽以谢公孙杵臼。

这个极富传奇色彩的故事经过后人的一再改编和演绎，如今已经成为具有国际影响力的历史故事。然而很少有人知道，历史背后的真相也许并不是太史公记载的模样。事实上关于下宫之难的历史，不同的史籍记载并不相同，甚至《史记》本身的记载也有前后矛盾之处。不仅《史记·晋世家》中的有关情节就与《赵世家》中出入颇多，而《左传》中的记载也与《赵世家》大异其趣。

首先,屠岸贾这个人的身份就极为可疑,除了《赵世家》外,此人不见于任何史籍的记载。史学讲究孤证不立,因此屠岸贾的存在与否就成了疑问。其次,赵武的年龄前后矛盾。根据《左传》记载,向戌弭兵时,鲁国大夫叔孙豹曾经提到彼时的赵武还不满五十岁,由此推算赵武最早应该出生于公元前592年,但根据《赵世家》,赵朔在公元前597年就死了。再次,关于赵氏家族其他成员的去向也自相矛盾,根据《赵世家》的记载,赵同和赵括在公元前597年已经死于屠岸贾之手,但在《左传》中两人却在此后都有活动记录;而《左传》中记载赵婴齐与赵庄姬曾经通奸,因此被遣送到齐国,《赵世家》却没有任何记载。

根据后人的研究得出的结论,《赵世家》中关于下宫之难的记载并不可信,反倒是《晋世家》和《左传》的记录较为接近史实。究其原因,大约是太史公在撰写《赵世家》时,采用了赵国官方的史料。而赵国的史官出于"为尊者讳"的考虑,改写了一段不甚光彩的历史,又被太史公写入《史记》,这才有了赵氏孤儿的传奇。

赵国史官想要隐藏的历史,其实就是前文提到的赵婴齐与赵庄姬通奸的事情。而下宫之难也并不是脸谱化的忠奸对立,而是当时卿大夫斗争矛盾爆发的具体表现。

赵盾执掌晋国权柄后,赵氏成为晋国最有势力的家族。但赵盾死后,赵朔与赵同、赵括之间却发生了政策方针上的分歧。赵朔看到了荀氏和范氏的崛起,力主与其接近;但赵同和赵括却坚持与郤氏、先氏交好,疏远和打击荀氏、范式、栾氏等家族。

赵氏族人的分歧在晋楚邲之战中表现得至为明显:在战前的军事会议中,赵朔与郤克均同意荀林父、士会、栾书等人退兵避战的意见,而赵同和赵括却与先縠一道,坚持与楚军交战,并无视荀林父的命令,私自带兵与楚国交战。邲之战中,晋国惨败,与卿大夫之间的矛盾和分裂有直接的关系。

晋国的权柄后来转到了郤克手中,郤克原本与赵朔政治立场相似,关系紧密,但此时赵朔却不幸早亡。此后,郤氏与赵氏的关系逐渐疏远,转而与新兴的荀氏、范氏、栾氏交好。这便导致了赵氏家族在朝中的孤立无援。

正所谓"屋漏偏逢连夜雨"。赵朔死后，赵庄姬同其族叔赵婴齐传出了通奸的丑闻。东窗事发，赵同和赵括决定将赵婴齐流放到齐国。这无疑是一个相当不明智的决定。赵婴齐走后，赵氏家族的势力进一步削弱。而此事也深深地触怒了赵庄姬。作为晋景公的姐姐，赵庄姬对于前者的影响也是显而易见的。她一怒之下，告发赵同和赵括密谋造反。

半信半疑的晋景公随即召集大夫商议此事。而此时晋国的正卿乃是栾书。久被赵氏家族打击排挤的栾氏家族终于等到了出头之日，栾书趁机伙同郤锜火上浇油，坚称赵庄姬所言是实。于是赵氏家族谋反的罪名就此坐实。赵同、赵括等人被屠杀殆尽，只有尚且年幼的赵武幸免于难。

纵观下宫之难的来龙去脉，可以看出晋国此时政权下移的趋势越发激烈。随着卿大夫之间的彼此攻伐，晋国的国势逐渐衰颓，并终于落得个三家分晋的下场。

史魚名鰌字子魚當衛大夫時蘧伯玉賢而靈公不用彌子瑕不肖而靈公反任之公屢諫不悛及病將卒命其子曰吾生不能正君死無以成禮置尸牖下靈公往弔怪而問焉其子以父言告之靈公愕然曰是寡人之過也命殯之於客位乃進蘧伯玉用之而退彌子瑕孔子聞之曰直哉史魚既死猶以尸諫

第二章
弭兵大会,春秋时代的"和平会议"

呜，掉粪坑里了

除掉了赵氏家族之后，晋景公噩梦不断，经常梦到长发披面的厉鬼向他索命。这厉鬼身形高大威武，口中还振振有词地骂着："昏君无道，我赵氏世代忠良，为成就你晋氏霸业，前仆后继、肝脑涂地，你不念劳苦，竟然将我无辜子孙屠戮殆尽，真禽兽不如！我已上报天帝，你不久就要为此恶行偿命赎罪！"说罢挥舞着铁刺般的利爪，破开屋子的大门和晋景公寝室的门扑进来。景公吓得委顿在地，动弹不得，就要被厉鬼近身搏杀之际，突然醒来，这才发现自己是在做梦，已惊出了一身的冷汗。从此一病不起，而这噩梦也日夜纠缠，景公的病也一天重似一天。

景公知道这不是简单的噩梦，而是有厉鬼缠身作祟，于是访求诡道，希望能够摆脱厉鬼的纠缠。恰巧那时一个叫桑田的地方住着一位神巫，声名远播，于是被景公召入宫中。神巫占卜掐算，将景公所梦之事分毫不差地讲了一遍，听得景公目瞪口呆。仿如抓住最后一根救命稻草，久受噩梦折磨的景公焦切地问道："该当如何？"却听神巫摇头叹息着说："这厉鬼本是前朝功臣，身具大神通、大威能，且此时激于子孙被冤杀之愤怒，不达目的誓不罢休，我道行浅末，无法将他制伏。"晋景公听得呆了，又问："那寡人的病体是吉是凶？"神巫一揖倒地："请恕小人直言，国君您恐怕吃不到今年的新麦了。"麦子都在六月成熟收割，神巫的意思是景公已然活不过六月了。

听说秦国出现一位叫缓的名医，任何疑难杂症到了他手里都是药到病除，于是景公派人西去秦国，请缓过来看病。缓人还没到，景公又开始做梦，不过这次没有再梦到厉鬼缠身索命，而是梦到了有说有笑的两个小人儿。

其中一个说:"缓的医术非常高明,恐怕会找到我们,并把我们除掉。我们该躲到哪里才好呢?"

另一个笑嘻嘻答道:"只要躲在膏之下,肓之上,任他再高明十倍,也只有对我们徒唤奈何。"所谓膏,就是现在所说的心尖脂肪处,所谓肓,就是心脏与膈膜之间的地方。说罢,两小人儿缩身成小点儿,从景公的鼻孔里钻了进去。景公就这样给吓醒了。

缓到了以后为景公诊治一番说:"病在膏之下,肓之上,针灸药物皆不能至,臣也无能为力了。"景公叹息道:"您的诊断与寡人所做之梦一模一样,看来天命如此,不可强求。"于是赐缓厚礼,又将他送回秦国。

到了六月丙午日时,新麦已经开始收割,久病的晋景公忽然想吃麦粥。其实,景公的心理很微妙,他是在跟当初那个断言他无法吃到新麦的神巫赌气。景公把神巫召入宫中。那碗新麦煮成的麦粥正摆在景公的桌上,缓缓冒着热气。景公闻着麦粥的香气,指着跪在下面的神巫骂道:"你不是咒骂寡人吃不到新麦吗?看看这是什么!"于是喝令手下将神巫拉出去砍了。

  以为神巫占算不准,自己逃过一劫的景公正要吃麦粥,可是突然之间腹痛难忍,只好赶紧去厕所方便。不过,久病体虚的景公双腿发软,没能在厕内站住,于是跌入粪池,在里面溺死。一代枭雄就这样可笑又可悲地结束了自己的一生,据《左传》记载,晋景公死后无人知晓,是他身边的一个宦官在第二天清晨梦到自己背着晋景公一步步登上了天,他醒了之后到处寻找晋景公的下落,这才知道国君已经溺毙,于是他从厕所里将晋景公背出来,然后为之殉葬了。

我们做朋友吧

晋景公死后的晋国局势暂且不提，将目光转向更加宏观的角度，从整个大的局势上分析，晋楚邲之战之后，楚庄王终于将雄踞中原十多年的晋国从霸主的宝座上拉了下来，并如愿以偿地取而代之。然而，晋国虽然一时失手，但其大国的地位并没有动摇。因此，在接下来的数十年中，晋楚两国一个南下、一个北上，在中原地区展开了激烈的争夺。长年累月的兵荒马乱带来的动荡形势，让所有诸侯国都元气大伤。

晋楚争霸中原，位于中原的郑国、宋国、卫国等二等诸侯国首当其冲。据史家统计，在春秋中期的七八十年中，在郑国境内爆发了七十多次战争，宋国境内也有四十多次，至于其他小国，数目也不在少数。不仅如此，由于双方轮流称霸中原地区，这些小国的国君只得屈服于强权之下，朝秦暮楚，"牺牲玉帛，待于二境"，轮流向两个大国做小伏低，同时还要遭受另一方的攻打。长此以往，各国疲于奔命，厌战情绪严重。

不仅小国如此，晋、楚两国也各有内忧外患。晋国一方自晋文公去世以后，后继国君乏力，军政大权逐渐集中在几家有实权的公卿大夫手中。他们彼此争权夺利，内讧不已，极大地消耗了晋国的国力。与此同时，秦国的崛起也让晋国感到了危机。秦穆公称霸后，秦国一跃成为举足轻重的诸侯国，和晋国屡屡发生摩擦。晋厉公时虽然与秦会盟，但秦国并不以为意，反而联络白狄打算伐晋。

晋国的外患不止于此，晋国仗着自己的优势地位，对中原诸国滥施淫威。晋景公十七年（公元前583年），晋国为了与齐国交好，强令鲁国将汶阳之田交予齐国，后来鲁成公朝见晋国，晋却以"通楚"

为由，将其强行扣押，逼迫鲁成公接受了盟约才放他回国。晋国的此种举动，自然让中原各国大为不满，纷纷"贰于晋"，与楚交好。

楚国一方虽然雄踞霸主之位，也没有晋国那么糟糕的外交问题，但其内部的矛盾同样不少。楚庄王死后，楚共王幼年继位，势力不比以前。而子反、子重等人因为夏姬和赏田的问题先后和申公巫臣发生了矛盾。申公巫臣出逃奔晋后，子反和子重又将申公巫臣的家族屠灭，家财分割。得知此事的申公巫臣便向晋国建议与当时尚不为中原诸侯国承认的吴国联盟，从侧翼合击楚国。由于申公巫臣也是楚国的一员名将，深谙楚军的军事技术，吴国因此而习得了大量先进的战法，开始使用战车作战，军事实力突飞猛进。先后进攻楚国的巢、徐等地，并连连获胜，给楚国造成了很大的威胁。

如此一来，暂时的和平就成为唯一的选择。在这种情况之下，晋、楚双方都先后派出使者联络，打算通过会盟来谋求和平。

晋景公十八年（公元前582年），晋景公视察军队，遇到了被郑国俘虏、献给晋国的楚人钟仪。由于钟仪为人正直，又弹得一手好琴，范文子趁势建议晋景公将其放归楚国，以缓和晋楚之间的关系。楚国对这一示好的举动也做出了积极的回应，当年冬天就派出公子辰回访晋国。晋国随即又派出大夫籴茷回访。一时间，双方的外交活动十分紧密，战争的硝烟味似乎正在远去。

晋楚之间关系的缓和被敏感的中原诸侯们嗅到了端倪，为了自身的利益，他们自然要竭力促成双方的和平。宋国大夫华元虽然地位不高，但却和晋楚双方的当权者都有良好的私人关系。他既与晋国正卿栾书关系密切，又和楚国令尹子重交好。这一有利条件方便了华元出面在晋楚两国间进行斡旋。晋厉公元年（公元前580年），华元先后出访楚国和晋国，为双方的会面创造了条件。第二年，晋国派出士燮，楚国派出公子罢和许偃，双方在宋国都城西门外会见。在华元的主持下，双方缔结了停战协议。协议如下：

"凡晋、楚无相加戎，好恶同之，同恤灾危，备救凶患。若有害楚，则晋伐之；在晋，楚亦如之。交贽往来，道路无壅；谋其不协，而讨不庭。有渝此盟，明神殛之，俾坠其师，无克胙国。"

这就是被后世历史学家称为"华元弭兵"的外交事件。

为了落实华元弭兵的成果，晋楚两国又进行了一系列的后续外交活动。鲁、卫、郑等原本已同楚交好的诸侯国再次赴晋国朝见晋厉公，重新确定了附庸关系。而晋国和楚国也再次遣使互访，晋厉公又亲自与公子罢会盟，强化了弭兵之盟。

尽管如此，晋楚两国长达数十年的敌对状态却并没有那么容易一朝化解。就在弭兵会议结束后，晋国派出郤至使楚，楚国准备了全套礼乐迎接。按照周礼，只有两国国君相会时才可以享受这样的待遇，因此郤至表示愧不敢当，并提出疑问：倘若异日两国国君相见，将用何种规格的礼乐招待呢？不料子反却回答说两国国君相会只要彼此送一支箭就可以了，用不着音乐。子反的话毫无疑问暗含着两国即将兵戎相见，而士燮也预料到了楚国一定会毁约。果然，华元弭兵不久后就由于晋楚鄢陵之战的爆发而宣告失败。

"华元弭兵"与其说是晋楚两国深谋远虑的长期国策，毋宁说只是双方在日益困难的局势下不得已而为之的权宜之计。稍加分析便可发现，这次弭兵，参加人数极为有限，盟约也含糊其辞。因此，它的失败也就在情理之中了。

战争，永恒的主题

正如晋国士燮所料，华元弭兵的效力并没有持续多久。仅仅四年之后，晋楚两军就再次爆发了一场大战。

华元弭兵之后，晋国虽然没有继续同楚国在中原发生冲突，但却积极向周边拓展势力。在麻隧之战中，晋国大败秦军，极大地拓展了国势。受此影响，中原各国也重新向晋靠拢。郑国依仗晋国势力，竟然发兵两次攻打许国。许国在楚庄王时已经成为楚国的属国，郑国此举无疑是对楚国霸权的冒犯。

鲁成公十五年（公元前576年），从危机中缓过来的楚共王打算挥兵北上，替许国复仇。在召集群臣商议此事时，子囊力劝应遵守"华元弭兵"的协议，建议通过外交方式解决这一问题。但子反却表示："敌利则进，何盟之有？"楚共王于是撕毁盟约，发兵攻打郑国和卫国，而郑国不甘示弱，也回兵攻楚。中原地区再次陷入了战争状态。

平心而论，楚国虽然并非师出无名，但在"华元弭兵"的大背景下，子反的意见无疑站不住脚。楚国的出兵，让其在外交上很被动。晋国见楚国如此，也乐得顺水推舟，召集了齐、宋、卫、郑等诸国连同东南的吴国在钟离会盟，一同对付楚国。"华元弭兵"至此正式破裂。

楚国见势不妙，于是立刻单独同郑国媾和。得到汝阴土地作为补偿的郑国立刻倒向了楚国一边，并同楚国结盟。在楚国的支持下，郑国进攻宋国并取得了胜利。而卫国则在晋国的授意下进攻郑国。

中原各国的小规模征伐只不过是晋楚两国正式交战的序幕，战争的真正高潮，还要等到躲在幕后的晋楚出兵正式交锋。果然到第二年，晋国正式出兵伐郑，郑国立即向楚国求援，楚国随即发兵。晋楚两军在鄢陵（今河南鄢陵北）接上了头。一场大战一触即发。

晋军此次出阵，似乎并没有做好和楚军正面交战的准备。听说楚军前来，士燮便想退避三舍，避免主力决战。但郤至却坚决反对，而士燮之子范匄也支持郤至的意见，表示可以填平营中井灶，在军营中与楚国决战。范匄初生牛犊不怕虎般的言论虽然被士燮厉声斥责，但却赢得了晋国其他卿大夫的认同。栾书提出晋军坚守营寨，避免主力决战，伺机反扑，后发制人，"固垒而待之，三日必退，退而击之，必获胜焉"。

应该说，在战斗开始前，楚军确实占据了一定的优势。这一天是晦日，春秋时认为是不吉利的。而楚军偏反其道而行之，于黎明时分在大雾的掩护下靠近晋军布阵开战，但此时晋军的援军齐、鲁、宋、卫等国联军尚未到达，晋军可谓被打了个措手不及。

虽然不少将领都强调楚军列阵厚重，良将众多，不易抵挡。但郤至却冷静分析了楚军自身的劣势,他指出,楚军的大将子反和子重关系不佳,兵员老旧战力不高,郑军和楚军都阵容不整,而且又在通常认为不吉的晦日用兵,因此必定大败亏输。而从楚国逃到晋国,深谙楚人用兵之道的苗贲皇则指出楚国的精锐主力在中军,因此可集中优势兵力先击破左、右两军,再合兵包围中军。在郤至、苗贲皇等人的力劝下,晋厉公终于决定与楚军正面交战。

晋国的战术安排果然取得了一定的成效,在晋国主力的猛攻下,楚军的左、右两军抵挡不住。晋军一度逼近了楚国的中军,楚共王甚至被晋将魏锜一箭射中左眼,可谓狼狈至极。楚军虽然纷纷败退,但楚军的战斗力之高超,战意之顽强也超出了晋国的预料。楚国著名的神射手养由基在败军之中大显神威,先是一箭射死了魏锜,又率军抵挡住了晋军的追击,而另一员猛将叔山冉则以晋军士兵作为武器投向晋国战车,晋军动弹不得,被迫停止前进。

双方激战一天,到黄昏时分才告结束。虽然场面上是晋优楚劣,但楚军并未被击溃,而晋国获得的战果也极为有限，仅仅俘虏了楚国的公子茷。夜色降临，双方各自收兵回营，整顿兵士，救助伤员，补充粮草，修理武器，重摆阵势，打算次日再战。

这时候苗贲皇却想出了一条妙计，他命人暗中放松对楚国战俘的看管，让他们逃回楚营报告晋军的军备情况，动摇楚国的军心。果然，楚共王得到这样的消息，便连夜召开军事会议，可是掌管中军的子反居然喝得酩酊大醉，人事不省，不能前来。楚共王毕竟年纪不大，听说此事，哀叹一句："天败楚也夫！余不可以待。"竟然就此命令撤退。第二天，全副武装的晋军发现楚军竟然连夜退走，于是攻占楚军营地，尽夺楚军粮秣，而此时晋国的援军才先后来到鄢陵。楚国方面，贻误战机的子反受到楚共王的责备和与其不和的子重的逼迫，无奈只得自尽谢罪。鄢陵之战就这样以晋国的胜利而告终。

楚国在鄢陵之战中的失败原因很多：首先自然是师出无名，在道义和舆论上处于不利地位；其次为了抢占有利战机，不顾军队的实际推进速度，强行进军并发起攻击，不但失之急躁，也造成军队的疲劳，导致战斗力的下降；再次，在战斗中，军事长官判断有误，指挥不灵，导致战术层面上的被动挨打，只是凭着单兵作战能力的突出才勉强维持局面；最后就是主帅不守军纪，贻误战机。

和楚国相比，晋国的取胜无疑得益于其正确的战略战术。但和城濮之战确立了晋国的霸权不同，鄢陵之战并没有让晋国获得期望中的政治利益。从战前诸卿大夫围绕是战是退争论不休的场面即可看出晋国政出多门，诸卿不和，君臣离心的情况。正如战后鲁国大夫宣伯所言："晋政多门，不可从也，宁事齐、楚。有亡而已，蔑从晋矣！"

在战争中，齐、鲁、宋、卫等国援军的逡巡不进、观望不前即是这一心理的具体表现。因此，晋国虽然在鄢陵之战中取胜，但并没有因此而取得对中原诸侯国的控制权。特别是同楚国交好的郑国更是始终不肯向晋国低头。果然，鄢陵之战后不久，晋国爆发了内乱，三郤、晋厉公等人先后在内乱中丧生。虽然后来又有晋悼公的复霸，但已经不能挽回晋国的颓势。

鄢陵之战是长达数十年的晋楚争霸中的第三次，也是最后一次两国主力军队的会战。它也标志着楚国称霸中原的失败，而晋国虽然取胜，但其对中原诸侯的影响力也在逐渐衰退。

两极格局,晋楚双霸

鄢陵之战以后,晋楚争霸的局势又重新激烈起来。此时,齐国、鲁国、宋国、卫国同晋国交好,而秦国、郑国、陈国、蔡国则同楚国相厚。晋国虽然在鄢陵之战中取胜,但受困于国内形势,其在中原的霸权一直不稳。为了拓展晋国在中原的影响力,晋国反复攻打郑国,但郑国感念楚国在鄢陵之战中的援救,政治立场一直偏向楚国,并在楚国的支持下与晋国进行了十余年的交战。后来虽然因为力量不支而被迫与晋国妥协,但始终与楚国暗通款曲。

楚国虽然在鄢陵之战中失败,但并未元气大损,依然有能力同晋国一争高下，因此与同样与晋有隙的秦国逐渐靠近。双方不仅相约共同进攻晋国，还进行了联姻。不过，楚国此时却受到逐渐崛起的吴国更加猛烈的进攻，虽然双方互有胜负，但楚国的注意力却被牵制于东南，对中原的注意力自然减弱。而另一方面，东方的齐国也趁机再次扩张势力，企图同晋国争夺霸主之位。

长期的战争局面给各国都造成了很大的负担。在动荡的形势下，各国的内乱此起彼伏，掀起了又一轮政治更迭的浪潮，卿、大夫、士逐渐掌握了诸侯国的实际权力。晋国、郑国、齐国纷纷爆发了内乱，特别是晋国几家卿大夫和国君之间相互倾轧，导致晋国国力大损，只能勉强维持表面的强势。

这一混乱的局面持续了三十年左右，长期的战争形势和日益激烈的国内矛盾已经使得即便是像晋国和楚国这样的超级大国也深感难以为继，更不用说那些夹在其中的小国。在这样的大背景下，再一次"弭兵"就成为各诸侯国的共识。

率先放下身段的是晋国当时的正卿赵武，这位昔日的赵氏孤儿为了缓和诸侯国之间的尖锐矛盾，先减轻了小国定期缴纳晋国贡品的数量，又通过鲁国大夫叔孙豹，表达了希望有人出面在晋楚之间斡旋，达成和平协议的愿望。

赵武的这一意见受到了当时各国诸侯的赞同。当时的齐国，内乱尚未结束，由崔氏和庆氏两家执掌权柄，自然需要交好诸侯国以稳定形势。而郑国当时执政的子产看到诸侯国有达成和平的动向，便在楚、陈、蔡、许等国联军来袭时坚壁清野，不加抵抗，为和谈提供了余地。

弭兵的条件逐渐成熟，自然就有人自告奋勇，愿意从中斡旋。上一次华元弭兵的主持人是宋国大夫，这一次又是宋国的大夫向戌站了出来。和华元类似，向戌一方面同赵武关系密切，另一方面又同楚国令尹屈建有交情。看到诸侯之间纷纷提倡弭兵，向戌便决定仿效前人，再次主持弭兵会议。如此一来，在停止战争的同时，还可以极大地提高宋国的声望和地位。

带着这样的目的，向戌踏上了游说的道路。他先后拜访了晋、楚、齐、秦四个最有势力的大国。仗着同当权者的私交，晋、楚两国自然无有不从，秦国也欣然应允，只有齐国犹豫了一阵，但也在大夫田文子的劝说下同意了。眼见大国支持弭兵，各小国自然纷纷同意。

鲁襄公二十七年（公元前546年），第二次弭兵会议再次在宋国西门召开。比起上一次华元弭兵，这一次的程度和规模都提高了许多。晋国、楚国、齐国、秦国、鲁国、卫国、陈国、蔡国、郑国、许国、宋国、邾国、滕国、曹国共十四个国家派出了代表，主持人当然还是向戌。

经过向戌的斡旋，晋、楚两国确立了两国属国应当互相朝见的基本格局，也就是所谓的"晋、楚之从交相见"。不过，由于齐国和秦国国力较强，又分别同晋国和楚国结盟，因此可以例外，而邾国和滕国分别是齐国和宋国的附庸，因此也无须参加会盟。

虽然和议达成，但在会盟仪式举行之前，会场的气氛仍很紧张。晋、楚两国厮杀多年，仇恨极深，彼此都有戒心。在正式会盟时，楚国为了预防万一，暗中在礼服内套上甲胄，打算一言不合就动手厮杀，楚国令尹屈建声称："晋、楚无信久矣，事利而已。苟得志焉，焉用有信？"晋国得知这一消息，也预先做了准备，打算一旦有变，就冲入宋国都城，据城防守。

在正式的会议上，各国代表共同通过了之前达成的协议，又确定了各国应当向两国负担的贡赋比例。然而，在最后歃血为盟时，晋、楚两国再次为盟主之位争夺起来，双方互不相让，险些使谈判破裂。最终在晋国大夫叔向的劝说下，由楚国担任了盟主，但作为交换，盟书中首先写上了晋国的名字。

虽然发生了不少风波，但史称"向戌弭兵"的第二次弭兵会议总算顺利结束。比起短命的华元弭兵，这一次弭兵会议的效力要长得多。自此之后，诸侯国之间数十年没有发生重大战乱，迎来了难得的和平时期。

弭兵会议确立了晋、楚两国共同称霸的两极政治格局。对于晋、楚、齐、秦等大国来说，弭兵会议的召开有助于处理国内日趋尖锐的矛盾和恢复由于战争而日益空虚的国力。而对于中原各小诸侯国来说，一方面免于战争的侵扰和破坏，另一方面也背上了服从两个大国、缴纳两份贡赋的沉重负担。

弭兵会议结束之后，齐景公、陈哀公、蔡景侯、杞文公，以及燕国、胡国、沈国、白狄等国的君主于次年赴晋国朝见晋平公；而鲁襄公及宋平公、陈哀公、郑简公、许悼公朝拜楚国楚康王。从此，这些小国"仆仆于晋、楚之庭"，又"尽其土实，重其币帛，供其职贡，从其时命，贺福吊凶"，导致"不敢宁居，悉索敝赋，以来会时事"的局面。

鲁昭公元年（公元前541年），"向戌弭兵"五年之后，各国再次在虢地会盟，重申并强调了弭兵会议的精神。尽管"向戌弭兵"是以牺牲小国的利益来维持大国的生存空间，但通过外交手段达到和平的局面，特别是宋国前后两次在弭兵会议中起到了主导作用，也说明了弭兵会议的积极意义。弭兵会议推动了春秋时期的历史进程，具有深远的影响。

倒计时的和平

"向戌弭兵"使中原大地上出现了一段难得的和平时期,晋楚之间有四十余年没有发生战争。在晋、楚两国共同称霸主导的两极格局下,其他诸侯国周旋于两国之间。

晋国和楚国虽然在会盟上屡屡剑拔弩张,争做盟主,但弭兵之后却能够相安无事,礼尚往来。楚国令尹屈建去世后,赵武曾经亲往吊唁。而在虢地会盟时,赵武又再次将盟主之位让与楚国。随着晋国国势的衰落,晋国同楚国之间的关系更为缓和,后来更是到了唯楚国之命是从的地步。而楚国虽然对晋国占了上风，国内却频频爆发危机，对外又面临着吴国的步步紧逼，因此两国方能够维持和平。

不过对于其他诸侯国来说，情况并非如此。除了齐国和秦国之外，其他诸侯几乎都感受到了弭兵之盟带来的新的压力。弭兵之盟的确立，让原本赤裸裸的战争掠夺变成了合乎礼法的横征暴敛。以鲁国为例，作为晋的仆从国，在弭兵会议之前，就已经频频向晋国奉上大量贡物。无论是晋国新君即位，还是迁都，甚至宫殿落成，都需要遣使恭贺，并送上价值昂贵的礼物。除了这些常规的贡品外，晋国往往还会临时提出贡品要求。正如《左传》记载晋国司马叔侯所言："鲁之于晋也，职贡不乏，玩好时至，公卿大夫，相继于朝，史不绝书，府无虚月。"弭兵会议之后，鲁国需要向晋楚两国同时进贡。沉重的压力一度到了让鲁国不堪忍受的地步，以至于在会盟中提出重新规定贡品数量的要求。

鲁国如此狼狈，其他国家也好不到哪儿去。郑国在子驷执政时，将牛羊牲畜、皮币、玉帛之类放在与晋和楚的边境上，时刻准备进献给到来的晋军或楚军。弭兵会议之后，郑国对晋国这个断断续续敌对数年的大国也是优礼有加。晋平公的夫人去世、续弦，乃至大兴土木，郑国都一而再，再而三送上贺礼。郑国执政的子产也不禁抱怨道："昔天子班贡，轻重以列，列尊贡重，周之制也。卑而贡重者，甸服也。郑伯，男也，而使从公侯之贡，惧弗给也，敢以为请。诸侯靖兵，好以为事。行理之命，无月不至，贡之无艺，小国有阙，所以得罪也。诸侯修盟，存小国也。贡献无及，亡可待也。"

然而，郑国毕竟在子产的据理力争下还能与晋国在某种程度上讨价还价。像卫国这样的国家遭遇更惨，甚至沦落到要向晋国进贡人口的地步。鲁定公十三年（公元前497年），晋国正卿赵鞅将卫国进贡的五百户人家安置在晋阳，导致赵氏与范氏、中行氏的互相攻伐。

晋国如此侵凌小国，楚国也不遑多让。弭兵会议后次年，郑国曾经主动派出大夫游吉朝见楚国。谁料楚国认为游吉资格不够，竟然拒绝让其入境，要求郑简公亲自前来朝见。游吉好话说尽也未能如愿，只得愤愤地返回郑国。郑简公无法可想，只好改派游吉去晋国朝见，自己在子产的陪伴下赴楚。

鲁国在楚国也遭受了和郑国类似的待遇。鲁襄公赴楚国朝见时，适逢楚康王去世，楚国居然要求鲁襄公为楚康王的遗体穿衣服。面对此种侮辱，鲁襄公却不敢违抗，只能在叔孙豹的建议下先命巫师作法，驱除棺材和尸体的"邪气"，聊以自慰。楚康王出殡时，鲁、陈、许各国君主都为其送葬。鲁昭公七年（公元前535年），楚灵王大兴土木，修成章华台，公开召集诸侯参加落成典礼，其中对鲁国更是要求鲁昭公亲自前往，可谓蛮横至极。

虽然小诸侯国不堪重负，但弭兵会议带来的和平还是让各国诸侯从过去国家之间的争斗转向集中精力解决国内出现的新问题。为了顺应生产力的发展及其带来的政治变化，各个国家都相继推行了一些顺应历史潮流的新政策、新举措，进而促进了春秋时期政治经济的巨变。

晋国受弭兵会议的影响非常深远，会盟所规定的"晋、楚之从交相见"其实对晋国相当不利。因为在弭兵之前的政治局势中,鲁、宋、卫甚至包括郑国都对晋国表示服从,而楚国的从属国只有陈、蔡、许三个规模较小的国家。弭兵会议后,这些国家纷纷向楚靠拢,再加上作为附庸的邾、郯、莒等国家,晋国在中原的影响反而降低。晋国之所以答应这一条件,正是因为国内卿族当政,政出多门的隐患即将爆发。

和其他诸侯国公族当政的情况不同,晋国的权力一向掌握在卿族手中。所谓"公族",指的是历代国君的后代,而"卿族"则是异姓贵族。晋国由于之前经历了大宗和小宗的吞并战争,以及晋献公时期的骊姬之乱,晋国的公族早已不复存在,转而由卿族掌权。卿族的势力越发强大,国君权力逐渐被架空。这一趋势在弭兵会议之前就已经出现,后来更是因为卿族之间的争权夺利而屡屡导致内乱,晋国国势随之衰落下去,但卿大夫的势力却雄厚起来,到春秋晚期,形成了"六卿"当政的局面。

齐国的情况,同晋国颇为类似。弭兵会议之后,齐国旧贵族高氏和国氏由于内乱,原本已经衰微,但新兴的崔氏和庆氏由于屡屡弑君作乱,也很不得人心。此时由陈国流落到齐国的陈氏（即田氏）趁机收买人心，壮大起来，他们联合鲍氏等卿族，将公族中发动内乱的栾氏和高氏镇压，又取得公族的支持，逐渐成为齐国一家独大的贵族，为战国时期陈氏代齐奠定了基础。

鲁国的情况比较特别：鲁桓公的后代季孙、孟孙、叔孙三家世袭国政，逐渐架空了鲁国国君，可是到后来，各公族中的家臣却又逐渐兴起，形成了"陪臣执国命"的局面。

郑国后来由郑穆公的后代专权，合称七穆。但七穆中的子产却是一位开明的政治家。至于宋、卫两国，虽然君权较强，但大夫势力也不断掀起内乱。总的来说，随着弭兵会议的举行，各国内部的政治局势为之一变，贵族政治逐渐集中，成文法也先后颁布。这两点进而导致了国与国之间关系的变更，将历史推入了春秋晚期。

仲子畫

晏嬰字平仲萊之夷維人相齊景公食不重肉妾不衣帛一狐裘三十年盡忠補過名顯諸侯

第三章
重振雄风,重新登上霸主巅峰

要么不打，打就要打死

卿大夫势力的日渐强大，是晋国建立以来一直面临的问题，赵氏、郤氏以及栾氏和中行氏先后执掌国政，对君权构成了极大威胁。此问题不仅在对外政策上影响了晋国的决策，导致了晋国接受了不利的弭兵条件，在国内政治方面也造成了很不利的影响。

鲁宣公二年（公元前607年）九月二十六日，赵盾"弑"君，赵氏卿大夫在朝中不可一世。晋景公之时，诛杀赵同、赵括，赵氏力量被极大削弱，但赵武重立之后，赵氏的势力又渐渐恢复起来。

而到了晋厉公时期，公族卿士中力量最强的是郤氏，郤锜、郤犫、郤至，叔侄三人共列八卿，家族势力达到鼎盛，朝中诸卿无不惊惧。而鄢陵之战后，三郤自以为在晋军大败楚军的过程中立下了盖世奇功，更是煊赫不可一世。而郤氏力量的强大，直接威胁到了晋厉公的统治，鄢陵之战后，晋厉公便一直图谋除掉这些强横的士大夫，代之以自己的亲信部下，尤其是自己诸多宠妃的兄弟。

厉公其中一位宠妃的兄长名叫胥童，此人因父亲胥克为郤氏所废而深恨郤氏，欲除"三郤"而后快。而厉公的另一位大臣栾书也因为郤至在鄢陵之战中没有采纳自己的计策去打败楚军而心生怨恨，于是重金贿赂楚国，令其欺骗厉公说鄢陵之战乃是郤至为了迎立公子周而串谋楚国发动的，只是因为其他盟国尚未准备好才没有成功。栾书并且设计让郤至到周京与公子周相见，这让原本就对郤氏心怀疑忌的厉公更坚定了除掉这一家族的决心。

而由于郤氏一族平日十分骄横，晋国朝野中对其怀有怨恨的人很多，晋厉公指使胥童、夷羊五、长鱼矫带领八百名兵士夷灭三郤，胥童也趁机逮捕了中军元帅栾书和中行偃等人，要求厉公一并诛灭这些在朝中掌权已久的卿士大夫。而厉公此时偏存妇人之仁，表示不愿因一己之私而杀害更多人，于是释放栾书、中行偃并派人进行慰问。

两人表面上虽然感激国君的不杀之德，但心中却对晋厉公十分疑惧，加之晋厉公素日十分残暴，朝中大臣多将其看作夏桀、商纣之类的暴君。晋厉公灭三郤的次年，栾书串通中行偃将厉公捕系下狱，派程滑将其杀于狱中，死后仅以车一乘薄葬于翼东门，而厉公的亲信长鱼矫奔狄，胥童被杀，几乎被夷灭殆尽。

厉公被杀是晋国自灵公之后的又一次大动荡。而栾书诛灭厉公之后，又以国不可一日无君为借口派遣荀䓨、士鲂等人前往雒邑迎接公子周，而公子周也正是在这种内忧外患的局势下登上了晋侯的宝座。

公子周即位之初，年仅十四岁，是为晋悼公。悼公的祖父捷是晋襄公的儿子，虽因年幼不得即位为国君，却得晋襄公宠爱，号称为"桓叔"。桓叔生下惠伯谈，谈即公子周之父。因为晋国"不蓄群公子"的国策，桓叔这一支晋国的苗裔被安置于雒邑。而公子周在雒邑之时，虽然年幼，但已经颇有贤名，通晓诗书，德行高尚，对天下大势也是了如指掌。

而鉴于晋国内部持续二三十年的激烈斗争以及臣下屡次弑君的情况，公子周虽然受邀回国但却始终保持着高度的戒备心理。厉公死去十天后，公子周在栾书等人的逢迎下至晋。到了绛地，公子周与诸卿士大夫杀鸡为盟，诫告诸臣曰："寡人羁旅他邦，且不指望还乡，岂望为君乎？但所贵为君者，以命令所自出也。若以名奉之，而不遵其令，不如无君矣。卿等肯用寡人之命，只在今日。如其不然，听卿等更事他人。孤不能拥空名之上，为州蒲之续也！"

晋悼公这席话，看似是与诸臣寒暄，实则是对栾书等人势大欺君的罪恶行径予以严厉的指责，也是逼臣下向自己盟誓要忠于新君。年仅十四岁的晋悼公也从此承担起了中兴晋国的重担。

而悼公即位之后，也确实励精图治。他首先致力于整顿内政，先是处理厉公朝的余恶，以"逢迎君侯于恶之罪"将夷羊五、清沸魋等五人斩首示众，并以杀害厉公之事将程滑杀掉，而对于犯上作乱但又对自己有拥立之恩的栾书，则贬斥其养老，另将其嫡长子栾黡提拔到朝中为官。

随后，悼公便着手于国计民生，减轻赋税，放宽刑罚，免除百姓对官府及贵族的债务，对鳏寡孤独之人予以照顾，援助灾荒，禁止邪僻侈荡之事，并严格规定不准侵犯农时，对国家、大夫、卿士兴建土木工程亦有所限制。

而在对外关系上，晋悼公也有自己的一套理念。即位第二年，晋悼公即召集鲁、宋、卫、曹、邾在戚地（今河南濮阳北）相会，采纳鲁国仲孙蔑的建议"城虎牢以逼郑"，最终使得郑国脱离楚国而向晋国靠拢，而陈国随后也来归顺。悼公同时采纳了大夫魏绛的建议，与戎狄修好，从而免除了南征楚国时的后顾之忧。

经过这一系列雷厉风行的行动，晋国终于具备了南下与楚国争雄的实力。晋悼公也逐渐通过保宋、和戎、联吴及疲敌战法的实施，出现了"国无滞积，亦无困人，公无禁例，亦无贪民"的富强局面，逐渐恢复了晋国的霸业，形成了"天下诸侯，以晋为大"的霸主地位。

魏绛的强国术

在晋悼公整顿内政、加强实力、为争夺霸权做准备的过程中,有一个人起到了非常重要的作用,这个人就是魏氏家族的魏绛。

魏绛,姬姓,魏氏,乃魏犨之孙,魏武子之子,出身于世家大族。悼公即位元年,为了拉拢强族,对世家子弟广泛进行封赏,魏绛本人即在此时被任命为中军司马,负责执掌军中法度,地位已经相当于赵盾时代的韩厥。

魏绛虽因家族关系而得以位列八卿,但在辅佐晋悼公期间却是真正做到了以国家利益为重,殚精竭虑，积极为国君出谋划策。魏绛最为后人所称道的功绩，主要有以下四点：

一、执法严正，不畏权贵

魏绛为人刚正不阿，执法十分严正，即使对贵族强家也是一视同仁，绝不姑息妥协。而为了做到公平、公正地执法，魏绛甚至将自己生死置之度外。

晋悼公即位之后的第四年，召集诸侯会盟，一则是借以炫耀晋国的武力和地位，二则也是试探诸侯对晋国的态度，为称霸中原做准备。而悼公的弟弟杨干却无视法纪，肆意扰乱悼公随行仪仗队伍的行列。魏绛身为中军司马，为了严明军法，在诸侯面前不堕晋国国威，冒死当众处决杨干的驾车之仆。此举虽使魏绛声名远播，为其赢得了清廉刚正之名，但却使晋悼公大为恼怒。悼公认为魏绛是借侮辱杨干来侮辱自己，其行为是对国君的"大不敬"，因而不顾众人劝阻，坚持要将魏绛处死。

而魏绛也早已做好就死准备，执法完毕后即上书向悼公陈述行刑理由，说"军师不武，执事不敬，罪莫大焉"，表明自己身为司马，平日管理不严，才会导致杨干这样扰乱军纪的行为出现，自己理应对此事负责；但诸侯会盟之时，若不以国家利益为重，枉纵杨干之仆，只怕引来诸侯嗤笑，不利于晋国日后争霸。魏绛同时表明，自己未能尽职尽责整顿军纪于前，折辱公室贵族于后，愿一死以谢罪。晋悼公在读完魏绛的陈情书后深感愧疚，匆忙之间赤足奔于朝堂赦免魏绛，事后又专门设宴向魏绛赔罪。

二、深谋远虑，力主和戎

杀杨干之仆这件事令晋悼公充分认识到了魏绛的贤德和能力，不久即擢升其为新军将佐。也正是在新军将佐的任上，魏绛向悼公提出了"和戎"之策，这可以称得上是其政治生涯中最大的贡献。

戎狄与晋国相邻，多次侵扰其北部郡治，成为晋国重要的祸患之一，也是晋悼公南下争霸的重要障碍。而魏绛以前，晋国处理与戎狄关系的方法一向是与其进行战争，从无"和戎"之说。

因而最初魏绛向悼公提出"和戎"之策时，悼公并不能理解这项计划的积极意义，反而拒绝说："戎狄无亲而贪，不如伐之。"魏绛并不气馁，从国家大局出发，动之以情，晓之以理，有理有据地向悼公说明了"和戎"五点好处：

第一，"戎狄荐居，贵货易土，土可贾焉"，戎狄为马上民族，以游牧为主，因而轻视土地，重视财物。晋国可以利用戎狄的这一特性以财物向其换取土地，从而扩大晋国北部边界。

第二，"边鄙不耸，民押其野，穑人成功"，与戎狄的连年战争导致晋国北鄙农事荒废，人民也十分疲敝。而与戎狄修好，则人民自可安居乐业、回归土地，农业生产就可以得到保证。

第三，"戎狄事晋，四邻振动"，戎狄归降晋国，诸侯必然要受到震慑，如此则晋国的国威必将大震。

第四，"以德绥戎，师徒不勤，甲兵不顿"，消弭战争，既可以休养军队，也可以节约保存战争物资。

第五，"鉴于后羿，而用德度，远至迩安"，魏绛从历史出发，以史为鉴，认为只有以德服人，才能真正长治久安。

晋悼公也终于被魏绛说服，命令魏绛为使者出使和戎。八年之后，晋与戎狄之间便做到了和睦相处，边境之间也几乎再无战争，晋悼公南下争霸也解除了后顾之忧。

三、领兵作战，居功不傲

魏绛除了执法刚正、深谋远虑之外，还是一位难得的将才，领军作战多有功劳：《左传》载鲁襄公九年（公元前564年），魏绛与赵武率师斩行栗；十年（公元前563年），与士鲂戍梧及制；十三年（公元前560年），佐栾黡将下军救寺；十八年（公元前555年），与栾盈以下军克寺。虽然现在因为史料缺失而无法得知其行军布阵的详细情形，但却可以从"魏绛多功"的评语中想见其赫赫战功。

难得的是，魏绛虽在晋国的对外征战中立下赫赫战功，但却不居功自傲，情愿为他人副手，多次将战功拱手让人。这虽然是魏绛谦逊有礼的作风使然，但客观上却也有利于保持晋悼公与诸将领之间的和谐，最大程度上削减了因为内讧而造成的国力衰退。

四、居安思危，如履薄冰

鲁襄公十一年（公元前562年），宋、齐、晋、卫等十二国联合进攻郑国。郑国国君恐慌，因而命人向十二国中最为强大的晋国求和。在晋悼公的授意下，其他十一国也停止了对郑国的围攻。郑国国君为了表示对晋国的感谢，派人赠予悼公大批礼物，其中包括歌伎十六人、乐师三人，以及兵甲齐备的兵车一百乘。

晋悼公非常高兴，以"乐之半"赐魏绛，并说："子教寡人和诸戎狄以正诸华。八年之中，九合诸侯，如乐之和，无所不谐，请与子乐之。"晋悼公时年未满三十岁，而八年之中，已九次与诸侯会盟，风光程度可谓一时无二，因而难免生出骄纵之心。

而魏绛则敏锐地觉察到了悼公骄傲自满的苗头，虽辞谢再三之后不得不将礼物收下，但却正色劝诫悼公说："夫乐以安德，义以处之，礼以行之，信以守之，仁以厉之，而后可以殿邦国，同福禄，来远人，所谓乐也。《书》曰：'居安思危。'思则由备，有备无患。敢以次规。"（《左传·襄公十一年》）魏绛此段话，意在警告晋悼公，晋国现在虽国势强盛，但要时刻思考到危险，只有这样才能时时做好防备，避免祸患的发生。

晋悼公在听完魏绛的告诫之后，深以为愧，更明白魏绛时时刻刻都牵挂着晋国国君和百姓的安危，因而此后对其更加敬重。

观魏绛一生，自其以家世列卿以来，兢兢业业，小心谨慎，对悼公忠心不二，在晋国中兴霸权的过程中立下了汗马功劳。他最终因功改封在安邑（今属山西运城），死后谥号曰"庄"，后世也因此多称其为"魏庄子"。

晋悼公的本事

晋悼公由雒邑回国承袭晋侯之位时，年仅十四岁，然而其从国境走入国都，从国都进入朝堂的每一步都走得从容不迫，既没有对于君位的迫切渴求，也没有对权臣世家的屈节奉承。可以说，十四岁的公子周在晋国朝堂上的首次亮相十分精彩，有力地震慑了群臣。

其后，晋悼公更是凭借其过人的政治天赋和敏锐的政治观察力，在内忧外患的形势下为晋国开辟出了一条称霸之路，成为晋国霸业的中兴者。而悼公即位之后，着手处理的第一件事情便是整顿晋国内政，改变晋国自灵公以来已经持续二三十年的混乱局面。

晋悼公在内政方面的改革，主要集中在以下几个方面：

一、任用百官，起用贤良，黜免不肖

悼公甫登国君之位，便大刀阔斧进行人事改革。首先，悼公"逐不臣者七人"，将夷羊五、长鱼矫等逢迎谄媚、导君为乱的乱臣贼子以及在厉公讨伐三郤的行动中协助长鱼矫的力士清沸魋（《史记》作胥之昧）等人，或驱逐于他国，或斩首于当街，一则显示自己的政治倾向，表明自己治理国家的决心，二则也是向中行偃、栾书等旧臣示好，为进一步巩固国君的地位寻找外在支持。

而在黜免不肖、肃清朝纲之后，悼公还注意选拔贤良，鼓励臣下选贤进能，以便为己所用。悼公在位虽然只有短短的十五年，却真正做到了"内举不避亲，外举不避仇"，使官员各尽其能、各安其职：他任命魏相、士鲂、魏颉、赵武为卿；提拔荀家、荀会、栾黡、韩无忌为公族大夫，使他们传授诸卿子弟以恭、俭、孝、悌的德行；让士渥浊担任太傅之职，使其沿袭士会甄定的法度；右行辛被授予司空之职，以士芳原定的法度作为准则；军政方面则由弁纠、祁奚、荀宾等人负责。

二、恢复世家大族的地位，巩固晋国公室的统治基础

晋国内的社会问题在晋厉公时期就已经十分突出，至悼公即位初期则已濒临崩溃边缘。而晋国当时王权衰微，悼公若要解决这一系列的社会问题，就必须依靠诸卿士大夫的势力，以扩大公室的统治基础。

而在晋国统治集团内部长期的争斗中，许多强家大族没落了。为此，悼公废止了晋国自灵公以来打击强族的政策，在世家后代中选拔人才，使其进入公卿之列，从而保证了这些家族对悼公的绝对忠心。

就魏氏而言，魏锜虽然因向晋侯求卿未得而颇多怨言，却在晋国的对外战争中多次立下功劳：邲之战中，他随从荀首效力于下军，俘获了楚公子谷臣，

兵败被俘、陷于楚军的晋国重臣智罃即是用楚公子谷臣换回；鄢陵之战中，他首战告捷，亲手射中共王的眼睛，致使楚军方寸大乱，晋军则趁机大败楚军；麻隧之战中，魏锜虽未亲身参加，但他的儿子魏相（吕相）却立下绝秦之功。而公元前594年，秦国趁晋景公灭潞、国内空虚之际，大肆侵晋，领军拒敌于辅氏从而保证了灭潞的成功的正是魏颗。

因此晋悼公即位后，对魏氏家族进行了封赏，魏相、魏颗两人被封为卿士，魏悼子的儿子魏绛更是被提拔为中军司马，魏氏的家声再度显赫。

赵氏家族自下宫之难后便被降为罪人，在韩厥力请之下，景公才应允由当时年仅十余岁的赵武（赵文子）作为赵氏之嗣，以备宗庙祭祀之事。而悼公之时，赵武年纪渐长，才能也逐渐显露出来，悼公于是任命赵武为卿，命其佐新军。赵氏家族的中兴由此开始，其后赵武更是由八卿之末逐渐执掌国政，为晋楚弭兵之盟做出了重大贡献。

而对于拥立悼公有功的栾氏、中行氏两家，悼公一方面以"弑君犯上"的罪名将栾书罢免回家，一方面却又提拔栾书的嫡长子栾黡为公族大夫，授予其下军将之职，栾纠（一名弁纠）也被任命为御戎。中行氏一族，荀家、荀会被任命为公族大夫，荀宾则担任戎右之职。

至于范、韩二族，在栾书、中行偃杀君更立的过程中采取了不合作的态度：厉公死于狱中后，栾书"召士匄，士匄辞；召韩厥，韩厥辞"。悼公为了取得这两大家族的合作，先是任命韩厥为中军将，使其代栾书之职，后又提拔其长子韩无忌为公族大夫。范氏家族的士鲂（《公羊传》作士彭，士会子彘恭子）和士渥浊也分别被提拔为了卿和大夫。

三、改革赋税制度，减轻农民负担

由于多年的对外战争以及统治阶级奢靡享乐的作风，晋国国计艰难，经济凋敝，再加上赋敛制度十分严苛，导致民不聊生。悼公即位，大力提倡节俭之风，对统治阶级的奢靡行为予以惩罚，一定程度上减轻了人民负担，缓和了社会矛盾。

第一，悼公下令废除公私债务，并从公府中拿出粮食布帛组织贩卖，救助灾荒，对鳏寡孤独之人也予以补助；第二，他制定新的赋税徭役法则，减轻赋税比例，命令官府不得侵占农时，不得在农耕收获之时征调民夫，保证了农业生产；第三，严禁奢侈浪费，下令缩减公私支出，并对世家大族兴建土木的行为加以约束；第四，放宽山野水泽樵采渔猎的禁令，令山民农人可以依法各取所需，使得"公无禁利，亦无贪民"。悼公的措施极大地改善了下层人民的生活，也使国家的府库逐渐充实。

四、推行法制改革，整顿军备，提高晋国军事实力。

悼公之前，晋国的君主也曾经推行过法制改革，例如晋景公为了加强公室地位，削弱卿大夫的地位，就曾下令废除赵宣子之法而命士会重修法典，但是因为政策太过强硬、改革力度过大，遭到强族的顽强抵抗，因而以失败告终，导致公室的地位更加卑微。而晋悼公为了减小改革阻力，采取了更加温和的手段。

他命士渥浊为大傅，命其重修范武子之法。法典实施之后，晋国国内的政治局面得到了彻底改观。

而在军制方面，晋悼公合并原来的上、中、下、新四军为三军。军队中大量的冗官闲职被裁除，而重要部门则加强了领导，如取消卿的御戎，战时以军尉代理，国君的御戎则由战时临时任命变为常设之职。除此之外，悼公还在各军之中分别设立司马、军尉等职务，加强对军队纪律的管理。他还十分重视战马的驯养，专门设立了乘马御一职。

经过改革，晋悼公真正做到了"广举不失职，官不易方，爵不逾德，师不陵正，旅不逼师，民无谤言"(《左传·成公十八年》)。晋国也初步具备了南下与楚国争霸的实力，并在后期的晋楚争霸中始终掌握着主动权，形成了"晋三驾而楚不能争"的局面。

二十六岁而称霸中原，创建了晋国自文襄盛世之后最为辉煌的局面，这也无怪乎后人将悼公视作文公之后晋国最伟大的君主了！

把窝边草整理好

悼公甫一即位,便致力于从选贤任能、发展经济、减免赋税等各个方面整理内政,短短几个月内就将晋国混乱局面打理得有条不紊,显示了卓尔不群的治政天赋和御人手腕。

但对于雄才大略的晋悼公来说,自然不会满足于国内"举不失职,官不易方,爵不逾德,民无谤言"的清明局面。在国力增强之后,悼公便开始与股肱重臣谋划向外扩张之事。

而晋国当时的政治环境十分险恶,一方面老牌霸主们虎视眈眈,图谋再起;另一方面晋国周围的小国也各有依附，不肯完全效命于晋。

首先是楚国，自晋文公即位之后，两国间的争霸几乎从未消停过。城濮之战，晋国以少胜多，抢占了霸权地位。邲之战，楚庄王一战成名，国势渐盛，而晋国则渐渐中衰。但楚庄王不久薨逝，即位的楚王无力继续霸业。至于晋国，景公时期以及厉公前期，君臣之间虽有矛盾，但大体和谐，因此渐渐恢复了在与楚争霸中的优势。鄢陵之战后，楚国愈加衰落，但多年积攒下的威势仍使其在诸侯中享有极高的声望。

其次是齐国，齐自桓公九合诸侯之后便一直怀有称霸中原的野心。晋楚邲之战后，齐国趁晋国实力受挫之际，与楚国联合，逐渐蚕食晋国土地。而晋国处于齐、楚两国的夹击中，处境十分危险。齐晋鞌之战中，晋国主帅郤克挫败了齐顷公的阴谋，此后齐国在晋国东部边境的行动才稍有收敛。但从悼公与诸侯会盟长樗时鲁国孟献子的表现看，当时齐灵公在中原地区逼迫小国、谋求霸权的行动已经十分明显了。

最后则是秦国，秦国自穆公辟地千里、称霸西戎之后，国势便逐渐衰弱，但却仍对晋国的后方造成威胁。况且两国之间虽曾有过秦晋之好的蜜月期，但秦国经历过崤山、令狐之败后，对晋国一直怀恨在心，屡屡进犯晋国。可以说，与秦国之间的拉锯牵制了晋国的大量军事资源，极大削弱了其南下争雄的实力。

在与诸心腹大臣仔细分析了周边形势之后，晋悼公便一步步展开了其志在恢复文、襄霸业的步骤。

一、安抚宋国，巩固晋宋联盟

晋楚相争，中有宋、郑二国作为缓冲和瞭望地带。在这两国中，郑国的态度一直犹疑不决；宋国则不然，自晋文公以来，宋国一直坚持亲晋政策，与晋国建立了稳固的联盟，这在很大程度上帮助晋国切断了齐楚相连的通道，减少了两面受到夹击的危险。也因此，晋国十分看重与宋国的盟友关系。悼公即位后帮助宋国内平荡泽之乱、外抵楚郑进攻一事即是为了巩固晋宋联盟而做出的决定。

宋共公薨逝后，桓族想要削弱公室力量，其家族中担任司马的荡泽便趁乱杀死了公子肥。而右师华元因为家族实力薄弱,只好出逃晋国。同属桓氏家族的左师鱼石担心在宋国功劳卓著、深得民心的华元出走会引起国内骚乱,派人将其追回。华元回宋后,立即想方设法联合司徒华喜、司城公孙师等人联合进攻桓族。桓族惧怕,鱼石、向为人等五人奔楚求救。

恰恰此时,楚共王欲趁晋悼公刚即位之际北上报鄢陵之仇,便命令郑国进攻晋国盟友宋国。后楚国又亲自加入战局,与郑国联军一气夺取朝郏、幽丘、城皓、彭城四座城邑,将宋国的五位叛臣鱼石、向为人等送回彭城并赠予其三百乘兵车留守。华元等人趁楚郑联军后撤,派老左、华喜带兵包围彭城,而老左战死后,华元军仍未能攻下彭城。此后,楚王又派遣子重领兵援助鱼石,一直攻打到了宋国本土,形势十分危急,华元遂再次向晋国求救。

晋悼公向臣下征求意见,正卿韩厥力主救宋,认为这是巩固晋宋联盟的关键。晋悼公于是亲自带兵,驻扎于台谷。晋楚两军在靡角之谷遭遇,楚军不战而退。

次年,在晋国主持下,晋、宋、齐、卫、曹等八国军队联合包围彭城，韩厥则率军队直接进攻郑国。不久，郑国于洧上大败，彭城也坚持不住，向晋国投降。这样，晋国率领诸侯一气为宋国夺回四邑，讨伐了叛贼。

为了进一步巩固晋宋联盟，晋国又穷数月之力攻下妘姓小国，将其封给了宋国右师向戌。这一仗打得非常艰苦，但晋国这种不惜代价为盟国尽力的行为既巩固了晋宋联盟，也吸引了其他弱小国家加入到自己的羽翼之下。可以说，为宋国夺回彭城这一战极大地提高了晋国的声望，成为其谋求复霸的先声。

二、拉拢齐国，解除东面威胁

齐、晋两国的关系一直非常微妙，鞌之战中，齐国战败，此后虽向晋国纳贡求知，但却从未真心屈服。齐国一方面对晋国态度骄横，以保持其昔日霸主的尊严；一方面却也不敢真的使齐、晋关系破裂。而齐与楚夹击晋国的计划因为中间有鲁、宋、卫等小国而无法真正实施，况且齐国作为东方的老牌霸主，也无法像郑国那样屈尊事楚、仰人鼻息。

晋悼公与诸侯商议救宋之时，齐国国君十分傲慢，只派大夫崔杼出席，次年包围彭城正式作战时，齐国没有派出一兵一卒。宋国危机化解后，晋侯遣使指责齐灵公，灵公惧怕晋国讨伐，将太子光送入晋国为质，此事方才罢休。

但仅仅两年之后，齐国又故态复萌，指使滕、薛、郊不参加晋悼公在戚地召集的会盟。晋国公卿智䓨故意使鲁国孟献子传话于齐灵公，威胁说若齐国仍阻挠晋国称霸，则必然将引火自焚。孟献子果然将这番话转告给了齐灵公，而当同年冬晋悼公再次于戚召集诸侯会盟时，齐国大夫崔杼以及周边的小国便都按时参加了。

会盟于戚后的第二年，晋悼公借周天子之命邀集诸侯会盟于鸡泽，此次参与会盟的还有周天子的卿士单顷。悼公派士匄邀请齐灵公前来会盟，齐灵公有心拒绝前往，但又惧怕晋国以此为名讨伐齐国，最后采取了折中之策，自己与士匄盟誓于齐郊，而派太子光前往鸡泽参与会盟。

这样，悼公在处理与齐国的关系时采取了威而挟之的态度，一方面给齐国留有余地，保存其曾经作为霸主的尊严；一方面也绝对不允许其在诸侯面前做出任何不利于晋国霸业的行动。晋国君臣通过高明的政治手腕将齐国牢牢地控制在了晋国的联盟之中。

三、南纳吴国，东线牵制楚国

晋、吴之间的第一次接触是在巫臣使吴之时。悼公之时，吴国逐渐强大起来，渐渐成为可以与楚国相匹敌的大国。楚国曾派子重在率军侵吴，结果部队反而为吴军截断，只得大败回师，楚国的驾邑也为吴国夺得，子重忧愤惭愧之下不久也病死了。就在楚侵吴的同一年，悼公会盟诸侯于鸡泽，原定要参加的吴王寿梦因道路阻隔未能按时与会。

三年后，吴国主动派大夫寿越出使晋国打听盟会之期，晋国为了表示对吴国的尊重，于是先派鲁、卫二国与吴王在善道盟会。鲁襄公五年（公元前568年）九月，悼公于戚举行盟会时，吴国则正式参加，这是吴国第一次以诸侯的身份参与中原地区的盟会。

而吴国加入盟约对晋国来说意义也非常重大，

从此晋国又多了牵制楚国的砝码和胜算，自景公以来从东线牵制楚国的战略计划得以实施。

四、服郑疲楚，悼公中兴霸业

郑国的统治者一直十分狡猾，在晋、楚之间犹疑观望，寻找合适的投靠者，以期为本国寻求最大的利益。晋国虽然是要与楚进行争夺霸权，为了避免两虎相争双方都遭到削弱的局面，遂将打击的重点放在了郑国。

而悼公的臣下也根据三国的实际情况制定了切实有效的计策：郑国在地理位置上靠近晋国，距离楚国则较为遥远。晋国多次进犯郑国，但楚军一来救郑，晋军便自行散去。如此反复多次，楚军士气低落，军队疲敝，军粮辎重也难以为继。而晋国的盟友吴国则从侧面对晋国的行动加以配合。长此以往，楚国自顾不暇，自然也就无力加强对郑国的控制了，郑国便渐渐从楚国阵营中脱离了出来。

晋国服郑的战争自韩厥、荀偃为救宋国大败郑兵于洧上开始，前后持续了十余年。悼公先是两次于戚地会盟，驻重兵于虎牢，对郑国起到威慑作用，迫使其议和。郑国在晋楚争夺霸权的过程中受害深重，后来干脆采取唯强是服的政策，根据晋楚两国势力的大小来决定自己的归属。

而晋国围郑救宋的第八年，晋悼公召集了宋、卫、鲁、齐、曹等十二个国家在戏会盟，迫使郑国再次向晋国议和。两年之后，郑国彻底向晋国屈服，派遣使者以乐工三人、歌女十六人、兵车百乘等贿赂晋悼公。至此，晋楚两国之间争夺郑国的角力才告一段落。悼公也终于实现了其恢复文、襄霸业的目标。

这样，晋国君臣针对不同的诸侯国制定了不同的策略，经过多年的征战和其他的外交手段，或者使其进一步巩固对自己的忠心，或者使其慑于自己的威势而不敢轻举妄动，或者通过战争对其进行打击使其最终归顺于自己。晋悼公本人也终于在不足三十岁的年纪称霸诸侯，建立了像晋文公、晋襄公一样的霸业。

回炉重铸的霸主晋国

晋悼公谋求霸业的努力，在邢丘会盟时达到了顶峰，标志晋国在君臣上下的努力下达到了全盛时期。

邢丘在今河南温县东，鲁襄公八年（公元前565年），夏五月，晋悼公召集鲁季孙宿、郑简公、齐大夫高厚、宋将向戌、卫宁殖、邾大夫等人，于邢丘会盟。而在此之前，悼公刚刚召集鲁侯、宋公、陈焕、卫侯、曹伯、莒子、邾子等人在邘会盟，商量援救陈国之事。

陈国的关系与郑国相类似。春秋早期，陈国依附于郑国，郑国甚至左右了陈国君主的废立。而自郑庄公去世后，郑国衰落，楚国渐渐强大，陈国便又开始依附于楚国。城濮之战后，晋国打败楚国，晋文公成为春秋五霸之一，原本亲楚的陈国也渐渐倒向晋国。但陈国亲晋背楚的行为遭到了楚国的报复，在楚国的军事打击下，陈只得重新依附于楚。但是陈国的行为又引起了晋国的不满和打击。如此一来，陈国也只能像郑国一样在两大强国之间摇摆不定，也因此不断遭到两国的侵袭。

鲁襄公三年（公元前570年），晋悼公邀集诸侯在鸡泽会盟，原本不在会盟之列的陈国因受不了楚国的极度压榨，主动派使者到鸡泽谒见晋侯，请求议和。楚国得知后，一方面自己发兵进攻陈国，另一方面也授意其盟国从侧翼进攻陈国。为了救陈国，晋悼公又多次召集诸侯会盟。

两年之后，楚国再次攻打对其不忠的陈国，悼公则邀集鲁、宋、卫等与吴国在戚地会盟，派诸侯各自出兵，合力戍守陈国。

也正是在晋楚两国为陈僵持不下之时，北方的

鄭子產

公孫僑鄭大夫字子產子國子歷相簡公定公為政二十餘年鑄刑書作邱賦平外患修內政善事大國休兵息民其始從政也輿人誦之曰取我衣冠而褚之取我田疇而伍之孰殺子產吾其與之俊三年又誦之曰我有子弟子產誨之我有田疇子產殖之子產而死誰其嗣之及其卒也孔子聞之出涕曰古之遺愛也

山戎无终国（今山西太原东）派遣使节到晋国谒见，向晋侯献上虎豹之皮，希望能同晋国讲和。晋悼公认为戎狄之人不讲礼义、贪婪无度，本想拒绝讲和请求而对其进行讨伐。但悼公手下的魏绛十分具有政治远见，他以夏朝后羿灭亡的事例作为教训，告诫悼公不要沉迷于田猎，并详细地列出了同戎狄讲和的五点好处。悼公深以为然，派遣魏绛为使，同戎狄各部议和。这样一来，晋国便解除了南下同楚国争雄时的后顾之忧。

而除了陈国之外，在晋、楚两国之间左右摇摆的还有郑国。晋悼公也一直将服膺郑国使其加入自己的联盟作为中兴晋国霸业的重要目标之一。

郑国被挟持在春秋时期的两大强国之间，倒向楚国则受晋国讨伐，倒向晋国则受楚国攻击，欲求中立而两国皆不首肯，因而深受战争之苦。后来，郑国国君听从臣下建议，干脆以两国势力强弱为依据，哪一国强就倒向哪一方。

鲁襄公八年（公元前565年），为了激怒楚国，郑国派军队进犯归附楚国的蔡国，俘虏其司马公子燮。而这一年恰恰也是晋悼公主持邢丘会盟之年，悼公召集了郑、齐、宋、卫、邾等国会盟，提出了统一各国朝觐享聘的礼金标准的要求，要求各国诸侯的大夫听从命令。而参加会盟的郑简公为了表示对晋国的忠心，将蔡国俘虏当众献给悼公，并亲自表示此后唯晋国是从。邢丘会盟，服膺郑国，这成为晋悼公成就霸业的标志。

但是，到了这一年的冬天，楚国为了报复郑国侵犯蔡归晋之罪，发兵攻打郑国。在楚国大军压境的情况下，郑国统治者内部又发生分歧：大夫子驷（公子騑）、子国（公子发）、子耳（公孙辄）要求归顺楚国，子孔（公子嘉）、子蟜（公孙蛮）、子展（公孙舍之）则建议等待晋国援军，仍然坚持归附晋国。最后，郑国内部降楚派占据了上风，郑国最终又皈依了楚国。

于是第二年，晋悼公准备伐郑，并召集宋、卫、曹、莒、邾、齐等国联合发兵。不久，诸侯的联军包围了郑国都城，郑国非常害怕，于是又派人向悼公求和。而此时，晋国君臣内部的观点也产生了分歧，荀偃主张包围郑国同楚国决战，认为只有彻底击败楚国后才能让郑国诚心归附；而智䓨则认为，两强相争，极有可能双方都遭到削弱，因而不主张同楚国力敌，并为悼公制定了"疲楚"之法，从郑国退兵，诱使楚国攻打晋国，晋国则将上、中、下、新四军分为三部分，再加上诸侯的军队，使其轮番进攻楚军，楚军远道而来，本就疲惫不堪，粮食辎重也无法及时补充，再加上与晋国三军以及诸侯军队轮番作战，肯定难以长久支撑。

晋悼公听取了智䓨的意见，从郑国撤兵，稍后在戏与诸侯及郑会盟。但是，在这次盟会上，郑简公没有全部答应晋国的要求，因而不久之后晋国又率领诸侯军队围攻郑国。而楚国因为郑国参与了晋的盟会，以为其与晋结盟，于是也发兵攻打郑国。郑国处于两个大国的夹击之下，狼狈不堪，最后又向楚求和，双方在郑国的都城中盟誓罢兵。

晋悼公在此次与楚争夺郑国的过程中失利后，下令暂时息兵，回国实行休养生息的政策。他听从大臣魏绛的建议，将府库中积攒多年的粮食布匹都拿出来贩售给百姓，不久又命令士族公卿也将自己积聚的货物粮食贷给百姓，同时带头提倡节俭之风，削减公室用度。一年之后，晋国国力大增，国内经济状况得到了极大改善。

而此时，郑国因为受命于楚，多年之来充当楚的先锋连续对外作战而疲敝不堪，导致民众最终发生了暴动。暴动的百姓将公子騑、公子发、公孙辄都杀死，国君郑简公也被劫持。后来，大夫子产设法平定了叛乱，改由公子嘉执掌国政。

晋悼公趁郑国祸乱，再次召集诸侯军队围攻郑国。悼公听取了鲁国的仲孙蔑的建议，在郑的虎牢和梧、制三地筑城戍守，对其进行威慑。不久，郑国有意攻打晋的盟国宋，晋于是又命令诸侯从四面围攻郑，晋悼公与正卿韩厥则在郑国南门外阅兵，并不断向郑国增兵，郑人终于又向晋屈服。

公元前562年秋天，晋与郑以及其他诸侯在亳（今河南郑州）会盟，晋悼公规定：凡是参与同盟需要互相扶助、救济，不得庇护罪人、收留奸佞，相互之间要互通有无，不能独占江河湖之利，要同仇敌忾，戮力辅佐王室。

但不久之后，楚国得到晋的仇敌秦的援助，在其支援下又发兵攻打郑国。郑国抵挡不住，只得又违背晋盟，向楚表示屈服。

于是，九月，晋悼公再次率领盟军攻打郑国。在晋国盟军压逼的危险下，郑国还是服从了晋。随后，晋国又在萧鱼（今河南许昌）主持会盟。这一次，郑国子展向晋悼公送了厚礼，包括兵车百辆、美女十六人等，晋悼公因此才允许郑国再次与自己结盟。

至此，多年来在晋、楚之间摇摆不定的郑国基本确定了依附晋国的趋向，晋悼公在与楚争夺郑国的斗争中最终取得了胜利。而南方的吴王寿梦也主动前来归附，要求加入晋国的联盟。如此一来，楚国在东部边境上受到牵制，更加不敢轻举妄动，晋国在晋楚持续百年的争霸拉锯中基本获得了主动权。

可以说，晋悼公的确是一位有才华、有手腕的君主，其在对楚的斗争中接连取得胜利，并北结戎狄，使周边的小国诚心归附，使晋国走向了复霸之路，达到了历史上的又一巅峰。

只可惜天妒英才，鲁襄公十五年（公元前558年），年轻的晋悼公突然染病，不久便溘然长逝，而悼公薨逝之日，尚不满三十岁，晋国的复霸之路由此中止。

第四章

内乱迭起，多年霸业尽倾颓

别为娘家人得罪婆家人

晋悼公去世后，晋平公即位，第二年晋平公就借着悼公所建立起来的晋国霸业的余威，在溴梁（今山西济源北）大会诸侯，鲁襄公、宋平公、郑简公等十国君主都到会了，而齐国却指派大夫高厚与会。晋平公先是要求各国归还相互侵夺的土地，然后在温地宴请了各国诸侯。

在宴会中，各国大夫按照礼制献上乐舞，并各自吟诵诗篇表示对盟会的赞同。然而，齐国大夫高厚的诗中却表现出了对晋国的不满，晋国的大夫荀偃从中看出了端倪，知道齐国对晋国生了异心，还对人提起了此事。高厚听说了,担心晋国会对自己不利,不敢等到会盟结束便仓皇地逃走了。宴会结束之后,各诸侯国的大夫在一起共同盟誓,对于那些不遵王命之人必将联合起来进行征讨。在此次会盟之后,晋国并没有达到预想的团结起包括齐国在内的各国诸侯的目的,而齐国更是在此后不断侵扰鲁国,使晋国在诸侯间的影响力大为降低。

就在此次会盟的同一年,晋国出兵伐楚以报复楚国伐宋。晋军与楚军双方在湛阪展开大战,楚公子格所率领的楚军战败,被晋军一直追赶至楚国的方城(今河南方城东北)。晋国再一次显示了其非凡的实力。

因为此前齐国大夫在溴梁会盟中对晋国的出言不逊以及随后的齐国伐鲁行为,鲁襄公十八年(公元前555年),晋国、鲁国、宋国、卫国等国军队联合起来开始进攻齐国,齐灵公则组织齐军在平阴(今山东平阴东北)阻击。由于此地无险可守,齐军大败,死伤不少。

晋军元帅范匄对齐灵公使用了疑兵之计,齐灵公听到晋国有大军压境消息，又登城看到了晋人的"声势"之后，十分惊恐，便率齐军趁夜色逃离平阴。晋军乘胜追击，先后攻下了齐国的京兹、郱邑（今山东平阴西），并围住了卢邑（今山东长清西南）。随后，晋军与鲁军转而又进攻临沂，并把临沂团团包围。齐灵公担心齐都临淄失守，准备逃往邮棠，但最终被太子光和大夫郭荣拦住。此后，晋军又在齐国境内大肆收掠一番之后回国。

第二年的春天，晋国又组织各国诸侯在祝柯（今山东长清东北）结盟，而结盟的誓词就是"大国不要侵略小国"，尤指齐国入侵鲁国之事。在此次会上，晋人还惩罚了邾人，把邾国漷水以北的土地划给了鲁国，而原因就是邾人在齐国伐鲁时做了帮凶。在晋军归国途中，路过鲁国的时候，鲁襄公特地宴请了晋国的六卿。鲁襄公二十年（公元前553年），晋国、齐国、鲁国等十三个诸侯国在卫国的澶渊（今河南濮阳西北）举行盟约，至此，齐国与晋国才最终修好，双方的斗争也暂时告一段落。

晋平公执政的前期，晋国还是具有相当强的实力，在各诸侯中仍能称雄称霸。然而，晋国在此次对齐国的胜利之后，称霸的形势渐渐发生了变化，晋国国内的斗争使得晋国再无对外大规模征战的野心，而这一点在晋平公的后期就已显现出来。同时，晋平公所做的一些不得人心的事情，更加速了晋国的衰落。

晋平公的母亲是杞国人，因而平公借晋国的霸主之势常常照顾杞国，甚至号召诸侯为杞国修筑城墙。鲁襄公二十九年（公元前544年），晋平公让大夫荀盈也就是智悼子召集各国诸侯大夫商议给杞国修筑城墙之事，但是杞国是小国，其他诸侯国谁也不想做这种白白付出人力物力却收不到回报的事。

于是诸侯大夫们纷纷对晋平公这种假公济私的行为进行了强烈的抨击，郑子叔还给出了一个冠冕堂皇的拒绝理由：现在周王室衰微，晋国是姬姓诸侯，却反而去维护夏朝后裔的杞国，并质问晋国："其弃诸姬，亦可知也已，诸姬是弃，其谁归之？"此后，晋国在各诸侯国中的威信大大降低，而晋平公让鲁国归还杞国的土地，更激发了鲁国对晋的不满。

几年之后，晋平公娶了齐国的女子少姜为姬妾，齐国大夫陈无宇护送少姜到晋国。少姜到了晋国之后，受到了晋平公的宠爱，但由于陈无宇不是卿，由他来送亲不符合礼制，于是晋平公就对陈无宇进行责难，并把他抓了起来。少姜为陈无宇向晋平公求情，但晋平公并不理会，没有放人。直到叔向劝说道："君行已颇，何以为盟主？"晋平公才略有收敛，放了陈无宇。少姜去世后，各国诸侯都派来使臣为晋平公的宠姬送葬，晋国大夫都感到这样做太过分了。

在少姜去世的第二年，齐国派晏婴去晋国请求再送一女给晋平公，以补少姜之缺。晏婴来到晋国处理完聘礼之事后，受到晋国大臣叔向的宴请。两人酒宴之间就谈起了两国的国情，晏婴说齐国现在是："公弃其民，而归于陈氏。"叔向说晋国现在则是："政在家门，民无所依，君日不悛，以乐慆忧。公室之卑，其何日之有？"晏婴说出了齐国田氏的崛起，国家也将要归于田氏；叔向则说出了晋平公的腐化堕落以及卿大夫势力的强盛，晋国的公室已趋于没落。后来，晋国的卿大夫荀盈去世，而晋平公只顾饮酒作乐，佯装不知。虽然晋平公想借此机会另立亲信，但迫于卿族大夫们的强大势力,只能任命荀盈之子荀跞为卿。

此时的晋国君主已经不能左右国内的大事,而在处理诸侯之间的事务上也开始力不从心。鲁昭公十一年(公元前531年),楚灵王杀了蔡灵侯,并发兵围蔡。晋国邀集各国诸侯大夫相会,共谋救蔡之策,但始终不敢出兵与楚交锋。最后,晋国只派了使臣向楚国请求饶恕蔡国,然而楚灵王并不答应,并攻下了蔡国,杀了隐太子。

同一年,晋平公去世,晋昭公即位。晋国已经到了分崩离析的边缘,而其称霸的局面也日趋衰微。

外强中干的无奈霸主

晋国是诸侯国中实力较强的,晋昭公想要重新组成会盟,巩固其霸主的地位。可是这个时候齐国的实力也是蒸蒸日上,昭公寻思齐国人可能不会那么痛快地加入会盟,于是找来刘献公说:"齐国不愿意和我们组成会盟,你有没有什么好的办法?"

刘献公回答说:"结盟的要素之一就是彰显大国的信用,君上如果是一个诚信之人,诸侯国怎么会对人有二心?所以说您没有什么好担心的。用文辞对他们加以管理,再不行用武力进行监督,哪怕齐国不愿意加入会盟,也证明了您为此所做的诸多努力。天子的卿士向天子请求带领军队,'十辆大车走在最前面领路',早晚都会只听您的调遣。"

晋昭公觉得刘献公的话言之有理,于是派叔向觐见齐景公,说:"大家现在都要求会盟,你们齐国认为不会盟对自己有利,可是我们晋国想要和你们齐国会盟,你看是否答应呢?"晋国的气势咄咄逼人。齐景公则说:"各路诸侯要求会盟是因为彼此三心二意,如果大家团结一致,还有会盟的必要吗?"

叔向表情严肃地说:"国家的衰败是因为没有合乎情理的法制,许多事情是因为没有贡赋而变得不正常;有了贡赋而没有礼节便失去了长幼的次序。有了礼仪而没有威严那么长幼次序也不会得到应有的尊敬。有了尊严却不能显现出来,虽然对神明有所恭敬,但是神明也不会得知的。神明不知,恭敬自然就会消失,那么任何事物都不会取得我们心中所想的结果,国家也就一天天衰败。所以组成会盟的目的就是让各诸侯国明白自己的职责,遵守彼此的信义。如今,晋国按照传统的礼仪主持结盟,明确了彼此的权利和义务,展现了威严和信义。现在会盟仪式所用的祭祀品都已经准备好了，请您考虑一下，是否加入到会盟中来。"齐景公听了心中掠过一丝恐慌，赶紧回答叔向说："加不加入会盟是大国说了算，作为小国，岂敢不听？我们一定会按照晋国的要求加入到会盟当中，时间你们定就好了。"

回晋国复命的叔向对晋昭公说："现在诸侯国中有一些国家开始三心二意，想要谋叛，我们晋国应该借着会盟的机会向他们展示一下军事实力，打压他们的谋叛之心。"于是晋昭公带领各路诸侯国国君检阅部队，各国君主为晋国的军事实力大为叹服。

结盟仪式开始的时候，子产对以进贡的物品贵贱来排定等级轻重次序产生了争论："当年周天子按照分封诸侯的等级不同，制定了不同的贡赋等级。等级越高的人，缴纳的贡赋就应该越高，而那些围绕在天子周围的小国应该缴纳的贡赋少一些，当然，如果这些小国有实力缴纳更多更贵重的贡赋也不是不可以。但是地位越尊贵，比如公侯，就应该出得更多一些；地位低下的，比如伯子男，就应该出得少一些。我们郑伯不是公侯，为什么要出如此多的贡赋？这实在是有失公平，像郑国这样的小国根本负担不起。再说，如果要交贡赋也要有一定时间，一下子让我们拿出这么多，实在是强人所难，最少要有一个月的期限。郑国之所以加入到会盟中来，是来寻求大国的保护，如果常年征收如此高额的贡赋，会压垮这些小国，那结盟还有什么意义？"

最后子产和晋国展开了关于贡赋的谈判，从中午开始，一直到晚上才结束。为了减少贡赋，子产一点一点地和晋国人交涉，结果双方达成了协议。

结盟之后，晋国在面子上占了威风，郑国则在子产的谈判下得到了实惠。不过子太叔对子产贸然和晋国谈判有些担心，他怕郑国与晋国的讨价还价会引起晋国的不满，到头来派兵攻打郑国，这样的损失可不是省下的贡赋钱能够弥补的。

子产作为一个老辣的政治家在谈判之前自然会想到这个问题，他想现在的晋国只是一只瘦死的骆驼，君主已经被六卿架空，几个大夫把持着朝政，他们争权夺利，都想着成为朝廷的主宰。目前这个阶段，晋国人哪还有心思顾及一个小小的郑国？所以他才敢大胆地和晋国谈判。

但是诸侯国中并不是所有国家都有子产这样的外交高手。鲁国也是一个贫弱小国，没有那么多钱交贡赋，更关键的是缺少一个讨价还价的说客，所以鲁国站到了晋国的对立面。这时候，邾国、莒国的国君向晋昭公告状，说鲁国经常派兵骚扰他们的边境，他们备受鲁国的欺负，已经快要灭亡了，并以此为借口不向晋国缴纳贡赋。晋昭公没有进行深入调查就相信了二位君主的话，并且非常同情他们的处境，将责任全部推给了鲁国。

邾国、莒国国君退下之后，晋昭公大为光火，表示不想再见到鲁国的国君，便派叔向到鲁国去，威胁鲁昭公道："我们晋国有四千辆战车，我们也可以支持你们国内反对君主的人起来造反，同样可以联合仇恨你们的邾国、莒国对鲁国发起攻击，我们可以做任何想做的事情。"鲁昭公一听，马上向晋国表示了臣服，听从晋昭公的任何调遣。

经过几天的思考，鲁昭公深感自己冤枉，其实鲁国根本就没有侵犯邾国、莒国两国的边境，晋国听信他们的一面之词，为这两个弹丸小国打抱不平，而把鲁国推到了不仁不义的境地，并且抓了鲁国的大臣季孙意如，实在让人难以接受。为了修缮与晋国的关系，鲁昭公亲自去拜见晋昭公，可是到了黄河沿岸的时候，被晋国的守卫所阻。

无奈之下，鲁昭公只好派人前去觐见。使者见到晋昭公，说晋国与鲁国一向是友好往来，晋国不应该听信几个蕞尔小邦而与鲁国这个兄弟国家闹翻。鲁国又不是没有缴纳贡赋，晋国怎么能听信小人谗言呢？鲁国也是有些影响的诸侯国，如果因此倒向齐国或者楚国，这对晋国又有什么好处呢？

晋昭公一听，觉得也有道理，自己先前的决定太过武断。可是晋国已经当着其他国家的面将鲁国放在了对立的位置，如果只是暗中和鲁国修好，对鲁国来说面子上不公平。鲁国要求将季孙意如释放，并且在盟会上为季孙意如"正名"，可是这样做岂不是让晋国很难堪？晋昭公为这个外交难题头痛不已。晋国臣子叔向这时候让弟弟叔鱼私下了结这件事情。

叔鱼曾经到鲁国避过难，与鲁国君臣关系都非常好。叔鱼向季孙意如说，如果让你走你不走，那么你可能就回不到鲁国，而是安置到其他地方，具体是哪里谁也不知道，也许是一个荒无人烟的地方，也许是一个天寒地冻的地方，所以说"识时务者为俊杰"，还是赶紧走吧。

听叔鱼这么一说，季孙意如也非常担忧，便赶紧自己走了。鲁国也只能无奈地忍受着晋国的侮辱。

瘦死的骆驼也能尊王攘夷

自上古以来，戎狄等少数民族就一直生活在中原的周边地区，与华夏族互有战和，尤其北方的狄族是困扰北方各诸侯国多年的对手。狄族主要活动在今天陕西、山西、河北一带，在春秋初期，势力非常强大，经常侵袭中原地区的郑、燕、齐等国，邢国与卫国的国都甚至被戎狄攻破。狄人主要分为白狄、赤狄与长狄三支，都散居在中原各国周边。白狄主要活动在今陕西及山西介休一带，是晋国的主要敌人之一。

《左传》中，对白狄伐晋进行了多次记载：鲁僖公八年（公元前652年），"狄伐晋，晋里克帅师败狄于采桑（今山西乡宁西）""夏，狄伐晋，报采桑之役也"；鲁僖公十六年（公元前644年），"秋，戎侵晋，取孤厨（今山西临汾西北），涉汾，及昆都（今山西临汾境内），因晋败也"；鲁僖公三十三年（公元前627年），"狄伐晋，及箕（今山西隰县）"，同年八月，晋军"败狄于箕，郤缺获白狄子"。

由此可见，白狄力量曾一度相当强大，屡次进攻晋国，但随着鲁僖公三十三年（公元前627年）白狄君长被晋国所抓，白狄的一支便就此衰落。此后，陕西的这支白狄受到秦晋两个大国的夹击，因此时而服从于秦，时而服从于晋。鲁宣公八年（公元前601年），狄人联合晋国一起进攻秦国，而到了鲁成公九年（公元前582年），狄人又转而与秦国一起攻伐晋国了。

在鲁宣公三年至鲁成公三年（公元前588年），晋国还与活动在今天山西长治地区的赤狄发生冲突。此一时期，赤狄的势力也相当强大。鲁宣公六年（公元前603年），赤狄侵晋，围困了经过的怀与邢丘。随后，晋国又对赤狄采取了骄纵和孤立的策略，使其气焰有所收敛。鲁成公三年，晋国终于将赤狄一部消灭，随后又陆续消灭赤狄各部，最终解除了赤狄的侵扰。

到了春秋的晚期，晋国公室的力量逐渐衰弱，卿大夫的专权进一步发展，致使晋国的内部争斗频繁，已无暇顾及在诸侯间称雄争霸。于是，晋国就把力量主要放在了白狄身上。鲁襄公二十七年（公元前546年），向戌弭兵之后，中原战火稍有平息。晋国内的六卿为了向晋东北拓地自肥，便向东迁的白狄三部发动了战争。所谓的白狄三部实际上是东迁白狄在此一带建立的三个国家，分别是鲜虞、肥、鼓。

鲁昭公元年（公元前541年），晋国大将荀吴在太原一带打败了无终部落及群狄。鲁昭公十二年（公元前530年），中山穆子假借去会齐师，向鲜虞借路，趁机攻占了昔阳（今河北晋县西），灭掉了肥国，俘虏了肥君緜皋，并将緜皋及其臣子带回了晋国。随后，晋军又顺道进攻鲜虞，但鲜虞人固守，晋军无功而返。第二年，晋在平丘大会诸侯后，荀吴率军回晋国路过著雍时，袭击了鲜虞，追击鲜虞人至中人（今河北保定附近），晋军全胜而归。

此后又两年，荀吴又领兵攻伐归属于鲜虞的鼓国。晋军兵分三路，将鼓军团团包围，最后鼓人粮尽而被迫投降。鲁昭公二十二年（公元前520年），鼓人发生叛乱，并再次归依于鲜虞，荀吴再次带兵征讨，以伪装籴粮人的办法偷偷潜入昔阳，对鼓人发动了突然袭击并最终将鼓人消灭。

东迁的白狄三部此时已被消灭两部，而剩下的鲜虞一部还有相当强的实力。鲁定公三年（公元前507年），鲜虞趁晋国挥师南下之际，向晋国发动了进攻，在平中击败了晋军，并俘获了晋国大夫观虎，可见鲜虞力量之强盛。次年，晋国为向鲜虞报复，让范鞅率军与卫军一起征讨鲜虞。同年，鲜虞建立了中山国。然而，晋国的这次征讨并没有什么结果，而十年后晋国的内乱中，中山国还与齐、鲁、卫三国联合出兵救援晋国的范氏和中行氏。在战国时期，中山国仍然存在，成为七雄以外的北方强国。

在晋国对白狄的征伐当中，基本都处于优势地位。但是晋国与白狄之间除了战争以外，还有不少和解政策。最为典型的就是和亲政策，双方互通婚姻。晋献公的宠妾骊姬就来自戎族，晋文公的母亲大戎子、公子夷吾的母亲小戎子也都是戎族。除了戎狄女子嫁入晋国，晋国的宗室女子也有一些嫁给戎狄首领，例如晋景公之姊就嫁给了狄族的潞子婴为妻。此外，戎狄部落也是那些在政治斗争中落败的晋国大臣的避难所，晋文公就曾经在骊姬倾晋时于狄国住了十二年，后来狐射姑在与赵氏争权落败以后也将全族迁到了狄国。

鲁襄公四年（公元前569年），陈国归服晋国，戎族也来向晋国求和，但晋悼公并不想与戎族讲和。然而，魏绛劝晋悼公说，不要因为对付戎族而失去称霸诸侯的机会，而与戎族修好会有五大好处。晋悼公听了魏绛的话之后，认为很有道理，遂派人与戎人讲和。

可以说，正是晋国与戎人和好，才使得晋国可以全心地与楚国争霸。

盟会虎头蛇尾，霸业也是虎头蛇尾

虽然自从晋悼公复霸之后，晋国国力日渐衰落，但仍然是诸侯公认的霸主，除了齐国对晋国的霸主之位虎视眈眈，一些小国遇到了麻烦仍然来向晋国求助。楚国是南方的大国，蔡国距离楚国很近，一向在中原霸主和楚国之间摇摆不定，所以时常要到楚国去朝见楚王献上礼物，与楚国搞好关系，求得国家的安全。

一次，蔡昭侯得到了两枚质地清润、雕工细腻的精美玉佩和两件珍奇的皮裘大衣，正好到了朝见楚王的时间，他便自己穿上皮衣戴上玉佩，将另外的玉佩和皮衣作为献给楚王的礼物带到了楚国。到了楚国之后，楚昭王见到蔡昭侯献上的玉佩和皮衣非常精致稀有，于是很是高兴地试穿了皮衣和玉佩，并设宴款待蔡昭侯。

蔡昭侯与楚昭王二人都穿着华美的皮衣和珍贵的玉佩参加宴会，觥筹交错，宾主尽欢，可是陪同楚昭王参加宴会的楚国令尹子常看到如此珍稀的玉佩和皮衣十分羡慕，也想拥有。他仔细想想，觉得楚昭王的玉佩与皮衣自己还不敢贸然去要，但是蔡国国小力微，自己身为楚国的令尹，掌握着大权，蔡昭侯一定不敢得罪，于是便要求蔡昭侯将其玉佩与皮衣送给自己。

谁知正是由于蔡国国小力微，蔡昭侯很难得到什么珍宝，将玉佩与皮衣视若心头肉一般，这次将玉佩与皮衣送给楚昭王一半已经是为了国家的安全忍痛割爱，无论如何都不肯将自己的玉佩与皮衣送给子常。子常虽然身居高位，却是一个贪婪蛮横之人，他见蔡昭侯如此不给面子，竟然下令将蔡昭侯扣留在楚国三年之久。

无独有偶，蔡昭侯被扣留后不久，唐国的唐成公到楚国去朝见楚昭王，子常又看中了唐成公的两匹宝马，唐成公不肯给，子常便将唐成公也扣留了起来。唐国失了国君，诸位大臣都十分着急，便聚在一起商议出了一个办法，他们以唐成公身边的随从轮值为名派人到楚国去，在接风宴上将唐成公身边的人都灌醉了，偷了两匹宝马拿去献给了子常。

子常得到了宝马，很是志得意满，便放唐成公回国了，然后又对与蔡昭侯一起被困在楚国的蔡国大臣们说："蔡国国君之所以长期羁留在楚国，都是因为你们不献上礼物，如果到了明天你们再不奉上丰厚的礼物，我就下令处死你们！"蔡国大臣们都十分惊惧，便倾尽所有凑了厚礼送给子常，蔡昭侯这才得以回国，当他渡过汉水时，想起在楚国遭受的不公正待遇，心中愤愤难平，拿起了自己那枚珍贵的玉佩毫不吝惜地投入滔滔汉水之中，并发誓说："有大河为证，我今生再不南渡汉水朝楚！"

蔡侯回国以后，决定报复楚国，但是他深知蔡国弱小，不可能与强大的楚国对抗，便不惜将自己的儿子公子元和大夫的儿子送到晋国去做质子，换取晋国发兵进攻楚国，为自己报仇雪恨。当时晋国在位的是晋定公，他见楚国一方面在与新兴的吴国的战争中元气大伤，另一方面又因为令尹子常的愚昧无知、贪婪蛮横而得罪了很多依附楚国的诸侯国，它们纷纷都投靠了晋国要求攻打楚国，此时正是攻击楚国的大好时机。于是晋定公便决定在召陵大会诸侯，联合起来进攻楚国。

召陵之会的声势十分浩大，与会的有齐、鲁、宋、蔡、卫、陈、郑、许、曹、莒、邾、顿、胡、滕、薛、杞、小邾等十七个大小诸侯国的国君，他们有的是曾经遭受楚国的欺凌希望借机报仇雪恨，有的是打算趁火打劫得些好处，都摩拳擦掌准备大战一场。眼看着一场大战爆发在即，此时却发生了一件出人意料之事。

蔡昭侯到晋国求助，晋国的大夫荀寅便向蔡昭侯索贿，蔡昭侯见晋定公已经大会诸侯，马上就要发兵，自然不肯多花冤枉钱，便拒绝了荀寅。荀寅心中很是不满，决定一定要想办法让蔡昭侯的希望落空，于是荀寅找到了手握大权的晋国大夫范献子说："我们晋国如今政局危急、自顾不暇，而各诸侯国也都有二心，这种情况下去攻击敌人，实在是太困难了，况且自从我们加强防御，楚国来袭扰边境也得不到什么好处，双方难得和平相处，攻打楚国于晋国无益，您不如还是拒绝蔡昭侯的要求吧。"

范献子听了觉得有理，便同意了，将攻打楚国的事情丢到一旁不再提起。来召陵参加会盟的各国诸侯本来跃跃欲试地准备着大举出征，谁知晋国竟然出尔反尔，劳师动众地将大家请来，又冠冕堂皇地宣布了楚国的罪状，一副不灭楚国誓不还的样子，却转眼之间就置诸脑后，一场大会弄得虎头蛇尾，让各国伐楚的计划落空，再加上晋国之前向郑国借用羽毛，将借来的羽毛装饰到自己的旗帜上炫耀给各国诸侯看，这种暴发户的行为也很让各国诸侯看不起。

召陵之会结束之后,各国看透晋国已经是外强中干,表面上看虽有霸主之位,也像以前一样拥有大会诸侯的能力,国内却已经乱成一团,臣下的一句话就可以改变国家大计。于是各诸侯国纷纷背叛晋国,《左传》将这件事记载为:"晋于是乎失诸侯。"

衛 蘧子

蘧子 瑗字伯玉淮南子作璦呂覽謚成子為衛大夫蘧莊子無咎之子晉趙
簡子將伐衛使史鰌徃視之還報曰蘧伯玉為政未可加兵也蘧寢寧嘗
與夫人夜坐聞車聲轔轔至闕而止過闕復有聲公問夫人曰知為誰封曰此伯
玉也公曰何以知之對曰妾聞禮下公門式路馬所以廣敬也夫忠臣孝子不
為昭:信節不為冥:情行伯玉衛之賢大夫也仁而有智敬于事上斯人必
不以闇昧廢禮是以知之公使人問之果然伯玉行年五十而知四十九年之
非六十而化外寬內直自娛於隱括之中直己而不直人汲:于仁以善自終
陳留志稱城有伯玉墓及祠按伯玉裹十四年見傳名德已重必不甚少應玉
衰初年孔子主於其家何年之長也全祖望經史問答疑之唐開元廿七年
贈衛伯宋大中祥符二年封內黃侯明嘉靖九年以史記謂伯玉孔子所
嚴事者不當在弟子列改祀于鄉
國朝雍正二年奉
旨復祀稱先賢蘧子東廡第一位

第五章
穷兵黩武，残暴灵王消耗国运

楚灵王血腥继位

晋国此时霸业倾颓，正是楚国乘虚而入的好时机，但是楚国并没有抓住这个机会，因为楚国也陷入了内乱。公元前560年，楚共王逝世，共王一共有五个儿子，他们分别是公子招、公子围、子干、子晳、弃疾。由于这五个儿子都是嫔妃而不是王后所生，因而没有谁具有继承王位的先天权利。于是楚共王生前将一块祭祀山川神灵的玉璧埋在地下，让五个儿子依次下拜，看谁能够恰好位于玉璧之上的土地。结果有三位王子接触到了玉璧之上的地方。他们是公子招、公子围以及幼子弃疾。于是，按长幼顺序，公子招被立为太子，而公子围，就是后来的楚灵王。

公子招即位之后，是为楚康王。楚康王在位十五年，薨，其子麇继位，被称为郏敖。此时的公子围，以王叔身份摄政，位居令尹。

公子围素来骄奢暴虐，荒淫无道。楚康王十三年，楚国攻郑，俘虏了郑国将领皇颉。本来这一功劳属于楚将穿封戌，和公子围一点关系都没有。公子围内心眼红，便去抢功。穿封戌自然不肯，和公子围争执不下，只好让大夫伯州犁评理。伯州犁心生一计，让被俘虏的皇颉来指认俘虏他的是谁，并且颇具暗示性地指着公子围介绍说这是楚国的王子，却把穿封戌说成是一个"外县的小官"。皇颉会意，假言道公子围勇猛无敌，自己难以抵挡，于是被俘。就这样，一份本不属于公子围的功劳，被他硬生生地抢到手中。

楚康王过世后，各路诸侯纷纷前来楚国凭吊，大家看到新王年幼，而身为令尹的公子围实力强大，都为楚王郏敖感到不妙。郑国使臣更是直言公子围不久即将篡位。

公子围的政治野心日益膨胀，开始培植自己的势力，打压异己。并且做出明显的谋逆姿态，预先释放政治信号。例如，出使国外时，公然使用国君的仪仗规格；而在国内王室组织的狩猎活动中，又打出了国君的旗号。举国上下人心惶惶，周边国家议论纷纷，公子围篡逆之心，路人皆知，唯独楚王郏敖视而不见。

在这样的情况下，公子围并没有有所收敛，反而变本加厉。楚王郏敖二年，他利用权势构陷处死了大司马蒍掩，并将一批反对自己，或是对自己存在潜在威胁的人排挤出权力核心。

次年，卫国国君访问楚国，北文公子看到公子围恣肆的姿态，对卫国国君说道："公子围看来是要谋逆犯上了，以他的能力可以达到目的，但绝对不会善终。《诗》云'善始者易，善终者难'，况且公子围没有善始，哪得善终。"卫君问他从何得知，对曰："《诗》云'敬慎威仪，为民之则'，公子围没有威仪，不能给百姓提供准则，自然无法常居百姓之上。"

又问："何谓威仪？"对曰："威，乃是让人害怕，仪，乃是使人效仿。无论是君臣、父子，上下、内外，均各有威仪。周文王讨伐崇国，仅两次，崇国归顺，他国丧胆，这就是威；周文王政治通明、姿态谨严，天下人争相效仿，这就是仪。是否具有威仪，实乃成败的衡量标准啊。"

楚王郏敖四年，公子围带领大队人马，远赴郑国娶亲，郑国对此人严加防备，不愿让其进入国都。公子围不肯，派人入城交涉，倚仗楚国强大、郑国弱小，态度软中有硬，十分倨傲。无奈对方有礼有节、滴水不漏，只好放低姿态，表明自己仅来迎亲，绝无二心。郑国这才勉强让其进城，算是保住了面子。

随后，公子围又奔赴虢池，参加诸侯会盟，会上公子围再度力搏出位，对晋国人说此次会盟无须有什么大的举措，按照上次会盟拟定的条文照本宣科一下就可以了，晋国人无奈答应。

不久后诸国再度会盟，公子围愈加飞扬跋扈，他打着国君的仪仗，穿着国君的衣袍，随行带有侍卫，其用意昭然若揭。诸侯看了以后哭笑不得，暗中议论其猖獗行为，大夫伯州犁只得向众人解释这套排场是楚王特地借给公子围的，却被郑国公子羽一语道破说公子围"借"到这些什物，就不准备还了。伯州犁尴尬之下只得转移话题让公子羽多关心一下本国子晳的作乱图谋，尽显苍白无力。

会盟结束后，公子围一行人回到楚国，随即打发伯州犁、公子黑肱去往郏、栎两地构筑城池，由于地处郑国边境，郑国人对此感到不安。子产却明察秋毫，说这是公子围即将起事，想要除掉黑肱、伯州犁二人，所以郑国不必感到担忧，隔岸观火即可。

不久之后，公子围的机会终于来了，他和伍举一起出访晋国，走到边境的时候突然接报说楚王重病。于是公子围迅速返程，只让伍举一人访晋。公子围回到国都，立即调遣心腹军队控制宫廷，随后入宫"探病"，见到楚王神志不清，羸弱不堪，便狠下心来，用自己帽子上的缨带勒死了楚王，随后又对楚王的两个儿子痛下杀手，第一时间登上了王位。紧接着派人奔赴各地，去除掉那些他事先派遣去"筑城"的大臣和弟弟。伯州犁惨遭杀害，几个弟弟早就预料到事情不妙，纷纷奔赴各国避祸。由于楚王被葬在郏地，故史称"郏敖"。

消息传到郑国，郑国派遣大夫游吉出使楚国参加楚王葬礼，游吉回国后，不无讥讽地建议郑国国君准备一下行装，好去参加不久以后公子围，也就是楚灵王的会盟。因为这位楚灵王骄横轻狂、目中无人、暴戾乖张，正处于人生得意之时，一定会借机确立自己在诸侯中的盟主地位。不过子产却认为楚灵王在几年之内做不到这一点。

楚灵王的篡位，是"名不正、言不顺"的典型，他处心积虑，谋划多年，步步紧逼。利用楚王郏敖暗弱、朝中无忠勇之臣可以与之抗衡这一点，肆意扩张。不过正所谓"祸兮福之所倚，福兮祸之所伏"，当楚灵王把酒欢歌，感慨"普天之下，舍我其谁"的时候。他以及他治下的楚国，就像脱了缰的马儿一般，在一条不归之路上越跑越快、越跑越远。他在满怀幸福地坐上那高高的王座的同时，也为自己掘下了深深的坟墓。

楚王好细腰

楚灵王即位之后，非但没有收敛之前飞扬跋扈的姿态和刚愎自用的处事方式，反而变本加厉，无论是在个人的生活方式上还是在内政外交的处理上越发无所不为，将楚国一步步带向无底的深渊。

历史上关于楚灵王个人生活喜好方面有一个十分典型的概括，曰："楚王好细腰。"在《战国策》中，通过一段对话体现出来。这段对话发生在楚威王和大臣莫敖子华之间。楚威王苦于人才难觅，求教于莫敖子华，说当下人才缺乏，如何才能找到像楚国历代几位名臣那样的人才呢。

莫敖子华以一个典故回答，说楚灵王非常喜欢细小的腰身，于是王公大臣为了投其所好，纷纷以节食的方式来塑造"细腰"，每天仅进一餐，结果饿得头昏眼花。人不能独自站起来，非得靠扶在墙壁上；从马车上下来，一定要借力于车轼。任何人都喜爱美食，然而为了有一个细小的腰身愉悦君主，都坚持少吃，即使饿死也在所不惜。正所谓"上有所好，下必从焉"，那么如果为君者喜爱贤明的臣子，为臣者则纷纷努力成为这样的人，楚国就不难出现可以比肩前代名臣的贤人了。

通过这则故事，可以看出楚灵王对于"细腰"的喜好可谓是代代流传。而在其他典籍中，"楚王好细腰"经常与"越王好勇"并列使用，说明君王的个人喜好往往决定了国家和生民的命运这一道理，以此讥讽历代昏君误国之事，警示为君者应时时克己自省，避免重蹈前人覆辙。

不过在历史演进之中，随着社会文化语境的变化，"楚王好细腰"逐渐发生了内涵的转变。最初仅仅是用来形容楚灵王的个人喜好对臣子的影响，是作为一个讽喻性典故而存在。然而,"细腰"二字,竟由指代臣子向指代宫中女性转向,而"楚王好细腰"的意义,也变成了突出他喜好美色、淫乱宫中行为的注解了。

有一点可以确认的是,楚灵王之蛮横恣肆和骄奢淫逸人所共知,他力主搭建的"三休台"就是最好的佐证。"三休台"是章华台的别称,是楚灵王在公元前535年于古华容县城修建的离宫,倾举国之力,耗数年时间,高数十丈。之所以被称为"三休台",是因为人拾级而上,途中需要休息三次方可登顶,足见此台规模之宏大。

除了"三休台"之外,章华台又被称为"细腰宫",因为楚灵王的个人癖好成为了楚国全国的审美趋势。宫女更是当仁不让,为满足灵王眼福,纷纷节食塑身。一时间,细腰美女充盈宫中,歌舞升平,章华台由此得名"细腰宫"。

讽刺的是,"楚王好细腰,一国皆饿死",成为了历史对楚灵王的最好评价,可谓一语双关。当楚灵王沉浸在细腰美女(当然也可能有"美男",因为楚灵王的个人性取向也存在一定争议）的身段舞姿中；庙堂之臣正绞尽脑汁想方设法满足灵王之好以求荣华富贵、仕途平坦时；为这一切买单的，无疑是全国的百姓。因此"一国皆饿死"，可不全是因为节食瘦身而死。

章华台落成之后，楚灵王自然意欲炫耀一番，于是广邀诸侯，希望他们参加庆典。不料遭到冷遇，几乎无人回应，因为各个诸侯对于楚灵王的昏庸荒淫深以为不屑，皆不愿与之为伍。无奈之下，楚国只好采取无赖手段，以武力侵犯相威胁，逼迫鲁国国君参会。鲁昭公来到章华台，为楚灵王助兴，灵王也算"讲义气"，没有亏待鲁昭公，将楚国传国之宝——大屈宝弓，赠予鲁昭公。不过可笑的是，楚灵王此举乃是一时冲动，待到冷静下来之后顿觉后悔不已，竟然令臣子向鲁昭公讨回，其为人可见一斑，楚国国格由此荡然无存。

章华台其实不止一处，楚灵王看中乾溪之地景色优美，于是再度劳民伤财，把"章华台"在该地"原样复制"了一个，以满足个人玩赏之雅兴。

楚灵王对于城郭亭台的喜好不亚于他的"细腰之癖",在修建了两座章华台后仍不满足,广选天下之址。公元前538年,派遣他的弟弟弃疾修建许城;同年,又修建钟离、巢州等城郭;公元前531年,继续大兴土木,修建陈、蔡二城。这些工程每每耗费民力,搞得怨声载道,失去民心不说,还造成了生产力的严重丧失,形成了坐吃山空的局面,由此埋下了无穷隐患。大夫申无语一语成谶:"楚祸之首,将在此也。"

唐太宗以"水"和"舟"来比喻君民关系,指出"水能载舟、亦能覆舟"。楚灵王身为人君,不为民为国谋取福祉,反而滥用神器,满足自己享乐之好,而为此受苦蒙难的,是其治下万千生灵。楚国这一潭深水,被他一次次搅扰得不得安宁,以至于风浪骤起,最终倾覆的是楚灵王这只貌似强而有力、实则不堪一击的小舟。

大杀四方

楚灵王舍我其谁的霸气更多体现在了其在外交事务的决策处理上。楚王非常喜欢召集诸侯来本国会盟，体现楚国的大国地位，符合楚王本人急功近利的浮躁心态和一贯高调的行事风格。

楚灵王三年（公元前538年），楚国遣使来到晋国，说楚国希望举行会盟，邀请晋国及其盟国前来参会。晋国对此一开始并不热衷，因为两国一是中原大国，一是南方大国，龙争虎斗是少不了的，因而晋国不想做长他人志气，灭自己威风的事。

司马侯进谏晋平公，说："还是应当去参加会盟，楚灵王现在气焰正盛，行事鲁莽不计后果。上天之所以让他得意一时，或许就是想借此让他招致怨恨。楚灵王如此德行，百姓自然也不会和他一条心，这样他即使想同我们争夺霸业也是有心无力了。"

晋平公不同意，说楚国正陷于内耗之中，况且晋国本身地势艰险，物产丰富。这样好的局面下，怎么能坐视楚国称雄？

司马侯回答说，不能趁他国落难而本国兴起就由此称霸，这样做会让自己陷于不义，十分危险。商纣王荒淫无道，周文王宽厚仁慈，前者终为后者取代，可见欲成天下之人，德行十分重要。

晋侯采纳了司马侯的建议，让人回复楚使说国君有事在身不能参加会盟，至于晋国的盟国，本身就已经臣服于楚，因此楚国大可以邀请这些国家而不必知会晋国。晋侯还答应了楚灵王联姻的请求。

楚灵王对于自己的会盟提议心中也没有底，于是请教郑国的子产，向他讨教诸侯国对会盟的反应。子产说晋国一定会允许其盟国前来参加，因为晋国国君昏庸无能，臣子个个中饱私囊，当了国家蛀虫，因此晋国没有大志。况且当年宋国弭兵之会上已有约定，晋国不可能冒着丧失信誉的危险违约。而晋国的那些盟国，一是惧怕楚国强大的军力，二是希望能与楚国修好，都会前来会盟的。不过，有四个国家可能缺席，它们是曹、鲁、卫、邾四国。

会盟如期举行，如同子产所言，曹、邾二国自称国内发生祸事，鲁国假托祭祖，卫侯则言身体有恙，皆不至。大夫椒举私下里对楚灵王说此次会盟事关楚国霸业，切不可造次。并列举夏启的钧台之享、商汤的景亳之命、周武的孟津之会、齐桓的昭陵之会、晋文的践土之盟供楚灵王选择，灵王决定效仿齐桓公的昭陵之会。

随后楚灵王问于左师和子产，两人分别献上礼仪六项以供楚灵王参考。在整个会盟期间，楚灵王让大夫椒举不离左右，以期椒举可以指正自己的于礼不当之处。但从头到尾椒举不发一言，楚灵王便问其故，椒举只得回答自己也不懂齐桓公会盟时应当遵从的礼仪，楚国君臣之庸可见一斑。

在对待参加会盟的诸国使臣上，楚灵王表现得极不恰当。楚灵王耽于游猎，对于没有按时到达的宋国太子佐不闻不问，最后派了一个使者对太子佐说自己在祭祖，会把宋国的礼品献上。傲慢态度展露无遗。而相比于徐国国君，太子佐的遭遇甚至是幸运的。由于徐国国君是吴国后裔，楚灵王据此认为他怀有二心，竟然将他拘捕。

楚灵王的蛮横举动令他丧失人心。大夫椒举进谏，希望楚灵王可以以礼服人，并以夏桀会盟，有缗背叛；商纣会盟，东夷背叛；周幽会盟，戎狄背叛为先例，警示楚灵王，但楚灵王置若罔闻。子产面见左师，对楚灵王的行为十分鄙视，说楚灵王现出本性，骄纵难安，必将不寿。左师判定灵王不日将尽失人心，终将遭弃。

楚灵王会集诸侯，耀武扬威仍觉意犹未尽，于是大举进攻吴国，攻克了吴国城市朱方后，擒获了自齐国逃难至此的庆封，并把他的族人全部杀光。椒举再次劝阻灵王，让他不要轻易杀庆封，说只有完美无缺的人，才具有杀戮他人的资格。庆封在国内胡作非为，如何可能在这里服服帖帖地引颈就戮？倘若他散布对君上不利的谣言就麻烦了，楚灵王不从。

楚灵王令庆封游街示众，让他边走边喊出自己的罪过。不料庆封大声呼喝出了楚灵王当年夺嫡篡位的暴行，并力劝诸侯不要与楚国结盟。楚灵王惊惧之下立斩庆封。

楚灵王继续着自己的恣意妄为，带领诸侯攻破赖国。赖国国君自缚双手、口含玉璧、肉袒抬棺，来到楚军帐下谢罪。楚灵王这次终于听取了椒举的建议，松绑、受璧、焚棺，以礼相待。随后把许国人迁入赖国境内，留下斗尾龟和公子弃疾筑城，自己返回国都去了。

不料同年七月，吴军进犯楚国边境，逼迫楚国分出人力物力加强守备，一时间楚国十分被动。楚国自然不会就此善罢甘休，在楚灵王四年、五年两次对吴国大规模动兵，都因为吴国准备充分而遭到败绩，虽然还没有对国力造成伤筋动骨般的致命打击，但也使得本就入不敷出的国家又背负了额外的重担。

楚灵王伐吴不利，遂调转矛头，借陈国国室内乱的机会，插手陈国内政，派公子弃疾挥师东进，攻灭陈国。随后在新拿下的土地上进行大规模的迁徙，使得数个地方的人民不得不放弃经营已久的生活而举家搬迁，这些举措对百姓物质生活和精神心灵造成的切肤之痛，楚灵王当然不会有所感受。

楚灵王十年（公元前531年），楚国又把目标定格在了蔡国身上。楚灵王以会盟为由，将蔡国国君骗到申地，设伏杀之。随后，楚国大军将蔡国围了个水泄不通。晋国汇集多国谋求救蔡，但诸国没有出兵，晋国并没有独自对抗楚国的自信，只好遣使入楚，自然无功而返。楚国攻灭陈、蔡二国后，声势日渐浩大，楚灵王睥睨四方，俨然已有称霸天下的意图。

楚灵王呼风唤雨无人敢违，要会盟就有人和他会盟，要攻伐就能够攻伐，要筑城就筑城，如此下去无人约束，势必人神共愤，命不久矣。

缢死自己为终

要介绍楚灵王的覆灭，必须先要讲一下他的后继之君——楚平王的情况。楚平王就是前文讲到过的公子弃疾，也就是楚共王的幼子、楚灵王的弟弟。

与其兄不同，公子弃疾德行俱佳，气度雍容。弃疾出访晋国途经郑国，郑国国君带领子皮、子产、子太叔三位大夫相迎，弃疾严守礼数，回避与郑国国君见面，经不住郑国人反复劝解方才答应，并以觐见楚灵王的礼仪拜见了郑国国君。对子皮、子产和子太叔，弃疾也以面见本国大夫的礼节与三人相见，并恭敬地送上礼物。对于弃疾的言行举止，郑国人惊讶之余也越发敬重。

更难能可贵的是，弃疾对随从约法三章，禁止随意跑马以损害郑国田地；禁止随意砍树取火；禁止向郑国人讨要水米，违者严惩不贷。郑国人看到公子弃疾为人如此，便隐约感到此人身上具有君主气象，日后取代楚灵王者，非他莫属，于是对弃疾十分热情周详。

另一个不得不提的人是大夫申无语，申无语是楚灵王朝中难得的忠正之臣。楚灵王还是令尹的时候就经常打出国君的旗帜外出游猎，申无语对此激愤异常，挥剑砍断这些旗帜。楚灵王建成章华台后，喜欢把获罪逃亡的人收入台中，申无语却强行闯入，想要抓回自己的仆从，结果被解送到楚灵王那里。申无语援引《诗经》为自己申辩，说"普天之下，莫非王土"，下级服从上级是固有制度。周文王规定，仆从的逃匿必须抓回。于是楚灵王赦免了申无语硬闯君主行宫的罪过，并让他带走了自己的仆从。

楚灵王之所以把自己弄到如此逼仄的地步，并非一日之功，而是"积重难返"。楚灵王十年，灵王欲把公子弃疾封往新吞并下来的蔡国地域，问计于申无语。申无语并不同意，他举出了卫庄公把公子元封在栎地，导致自己被废黜。贤明而有能力的臣子不能将其封赐在外，而无能的小人不能让其居于宫内。不过楚灵王不以为然，认为国都重地，防备严密，即使有人图谋不轨也无从下手。申无语又以郑国、宋国封臣弑君的事情为例，提醒楚灵王封赏重臣对国君的威胁。

在兼并了陈、蔡二国之后，楚灵王终于攒够了底气，决定再次向之前没有讨到便宜的吴国开刀。他率领大军包围了徐国，以此作为恫吓。此时楚灵王的自我膨胀已近极点，他问右尹子革："我国先王一直侍奉周朝，然而却一直没有得到相应的褒赏，如果现在我请求周天子把王鼎赐予楚国，他是否会答应？"子革回答说，楚国曾经地处偏远，因此屡遭轻视，如今兵强马壮，周天子不会视若无睹的。灵王又问如果自己向郑国索要被他们夺取的先人土地又会如何。子革回答郑国会毫不犹豫地归还。

大夫析父对子革颇有微词，认为他身居高位却一味奉承，使得国家命运堪忧。子革却冷笑说自己早已将手中刀磨快，就等着对楚灵王手起刀落呢。可见楚灵王当时已经处于众叛亲离的危险边缘，自己对此却仍浑然不知。

楚灵王对自己的臣子非但缺乏体恤，还动辄加以诛杀，抄其家财、没其土地甚至处以极刑，终于点燃了矛盾爆发的导火索。一批被剥夺了财富和地位的士大夫联合起来，进行兵变，攻占了楚国的固、息两座城池。

被楚灵王攻灭的蔡国也是人心思动，一些旧臣趁此机会想要复国。蔡国大夫朝吴定下计策，引导楚灵王的三个弟弟推翻楚灵王。他假借公子弃疾的名义，把当初因为楚灵王迫害被迫流亡国外的子干和子皙召回，强迫他们与弃疾联合在一起。并借助弃疾"陈蔡公"的身份集合起了一支势力颇大的军队。这支军队一路杀向楚国国都，由于到处都有被楚灵王迫害过的人，因而叛军非但没有遭遇多少抵抗，反而不断壮大。郢都的守将蔡洧与楚灵王有杀父之仇，蔡国破灭后为求活命而寄居在楚灵王朝中为其效力。当叛军来到,他不出所料地献了城池。

公子弃疾使人进入宫中,杀了楚灵王的两个儿子太子禄和公子罢敌。楚灵王的三个弟弟按照长幼顺序自封,子干最长,加封为王;子皙次之,进位令尹;弃疾最幼,位居司马。内部利益协调完毕之后,便对楚灵王的残余势力进行分化,子干派遣观从潜入乾溪楚灵王的军营中散布消息,说先回都城投靠新王的就会保住原本的地位俸禄,倘若执迷不悟,则会遭到处刑。于是营中人心涣散,军士纷纷潜逃回国都。

楚灵王闻得凶讯,大惊失色,从车上跌落下来。此时军心涣散,大军不断减员,只剩右尹子革等少数人还跟随在楚灵王身边。楚灵王问计于子革,子革建议灵王回国都听候发落,灵王不允,认为民怨不可碰触;子革又建议灵王求救于诸侯,灵王说自己已经众叛亲离,不能指望诸侯相救;子革又建议灵王出逃国外,灵王说自己福祉已尽,再也无法得到身为人君的待遇了。子革无奈,离开灵王自谋生路。

灵王成了孤家寡人,在山中流浪,曾经的大夫申无语的儿子申亥念在楚灵王有恩于其父的情分上收留了他。不日，自觉无趣的楚灵王自缢于树下，结束了自己荒诞而罪孽的一生。

公子弃疾在新朝之中任职，但他并不快乐，因为在这次政变中，他出力最大。作为"陈蔡公"，是他的威名将人们凝聚起来。而作为叛军主力的陈、蔡军队，从根本上讲就是他的私人武装。在这样的情况下，于情于理都应当是他弃疾续登王位。结果呢，好处全让两个哥哥占去，他本人却还得居于人下，听候调遣。

对于公子弃疾的怨怼，观从心知肚明，他建议子干趁弃疾尚未起势，先下手为强，除之以绝后患。子干不忍，观从无奈，叹道弃疾可不会不忍对你下手。于是观从收拾行装，离开了楚国。

公子弃疾很快采取行动，他趁着楚灵王阴魂未散的契机，利用新王的合法性大做文章。因为即使楚灵王再昏庸无道，再罪有应得，新的楚王子干终究是一个谋逆篡位的国君，哪怕他得到了人们的支持，但在内心深处他还是难以逃脱这重身份带来的阴影，这就给了弃疾可乘之机。弃疾一方面趁着人们还不知道楚灵王已死的机会大肆散布谣言说楚灵王带领大军杀回；另一方面调遣亲信在夜深之时厉声惊呼说楚灵王回来了，搞得人心惶惶，深居宫内的楚王子干和令尹子皙更是难以安睡。

终于有一天，弃疾觉得火候已到，便一方面派遣手下声势浩大地制造谣言，说楚灵王率军杀回。又让人故作惊恐地跑到宫内报告子干和子皙令他们快想办法应对，二人本就惊惶，束手无策，竟双双自尽，公子弃疾大获全胜，即位成为了楚平王。

公子弃疾兵行险招，收到奇效。上位之后履行了先前的诺言，恢复了陈、蔡二国的自治，并让已经病入骨髓的国家休养生息，恢复政治秩序和经济生产。在稳定人心上，更体现了其手腕，他把一个囚犯装扮成灵王的样子，杀死后投入水中，彻底把楚灵王从人们心头抹去，就此揭开了新时代。

第六章
日薄西山,难以抵挡的内忧外患

父王，还我媳妇

楚平王并没有成为楚国的救世主，尽管在即位初期，他表现得的确像是一位明君。然而，仿佛是流淌在这个家族血脉中的梦魇一般，楚平王短暂的贤明就像楚国的回光返照一般，难以阻挡这个国家向无底的深渊滑落。

楚平王执政前几年，的确显示出了他当年作为公子弃疾时的风采。他逐渐聚拢起失散的民心，将外出逃难、流离失所的民众召回，让他们安定下来，恢复生产。用时选拔忠良的人，赦免有罪的人，让国内的政治氛围变得清明。

在外交方面，楚平王可谓是极尽低调，几乎放弃了楚国的国际地位。其中晋国成为了最大的受益者，占据了一家独大的霸主地位。晋国在边境集结大军以壮声威，不久后又汇集多个盟国进行会盟，确立自己的地位，并向楚国释放政治信号。对此种种，楚平王均不予过问。

实力日益强大的吴国也不安分，趁着楚国秩序未定，无暇外事，便挥军吞并疆土，攻下了州来。令尹子期请求对此采取行动，但楚平王没有冲动，而是坚决立足于修炼"内功"。他说自己刚刚登上大位，国家还不安稳，现在不宜外扩。需要安抚百姓，勤加祭祀，巩固国防。若是贸然出兵，一俟失利，国家就如雪上加霜，有被倾覆的危险。

楚平王"息民五年"，派官员到各处屯田养兵。救助弱小，匡扶穷困，对老幼孤寡提供帮助，将已经脱离正轨很久的国家逐渐矫正。同时训练军队，积蓄力量，韬光养晦，等待时局转变。

当然，楚平王也并非一贯怀柔。在处理那些倚仗功勋而骄横放纵的官僚时，他显示出了强硬的一面。令尹子期对平王有着匡扶之功,以此为资本处处肆意妄为,为自己谋取私利而罔顾国家。楚平王忍痛对其处以极刑,以儆效尤。

不得不说,楚平王的选择是清醒而英明的。他接手的楚国,如同一个病入膏肓的巨人,空有一个高大的躯壳,却没有实质的血肉充盈其间。在这样的情况下,如果一味用强,则会使本已奄奄一息的国家无法恢复,只有慢慢调理,由内至外使国家脉络顺畅,才能进一步促进发展。可以说,楚平王初期的执政是成功的,他避免了楚国就此一蹶不振,沦为他国附庸的命运,保留了楚国重新崛起,以大国身份再次逐鹿中原的可能。

然而,自古君王多昏庸,楚平王也难以幸免。楚平王在识人方面的眼光确实不佳。他对佞臣费无忌宠信有加,任命他为太子少师。楚平王的儿子太子建,是在楚平王尚未即位,还作为公子弃疾统领陈、蔡之地的时候,与当地女子同居生下的孩子。太子建并不喜欢他的这位"少师",因为他察觉出费无忌品行不端。楚平王二年(公元前527年),大夫朝吴建功,被封于蔡地,费无忌害怕朝吴就此得宠威胁到自己,于是挑拨他与蔡人的关系,让朝吴难以立足,不得不逃离。楚平王因此斥责费无忌,费无忌却狡辩说朝吴心怀不轨,因此才逃离封地。

太子建认清了费无忌的丑恶面目,渐进与之疏离,反而和自己的另一位老师——伍奢走得比较近。费无忌看在眼里,恨在心头,定下一条毒计,他向楚平王建议说太子建已经成年,应当为其操办婚事。楚平王答应并委派费无忌去具体实施。于是费无忌开赴秦国去寻求联姻,事情办成之后,他向楚平王禀告,极力夸大秦国女子的美丽。楚平王在他的鼓动之下,竟自己把秦国女子纳入帐中。这一行为,为楚平王父子交恶,最终引发楚国内乱埋下了祸根。

同年,费无忌再度向楚平王谏言,说晋国占据中原,依靠地利统领诸侯,楚国位居偏僻之地,因而无法称霸,应当加固城父之地,可令太子建据守,而君上进一步向南开拓疆土,使楚国国力继续上升。楚平王听从了他的建议。

太子建被调离国都之后,费无忌愈加肆无忌惮,他在楚平王之前谗言不断，说太子建对于楚平王之前强行纳娶本应许配给自己的秦国女子十分不满，如今镇守边陲无人管束，对内伙同老师伍奢，对外暗通晋、齐诸国，意欲谋反。楚平王惊怒之下招来伍奢对质，伍奢心直口快，说楚平王听信佞臣，错怪太子建，如今更是错上加错。楚平王大怒，将伍奢下狱，并派人去杀太子建。

派去的使臣司马奋扬不愿看着太子建就此冤死，便提前告知，太子建顺利逃脱，奔赴宋国。司马奋扬回朝后面对楚平王的质询，直言是自己事先通风报信，并说当初楚平王让自己侍奉太子建如侍奉平王一般，自己不过是执行了平王当初的命令。楚平王拿他也没有办法，只好打发他回到边城继续当官。

费无忌仍不罢手，再次向楚王进言说伍奢的两个儿子远在边陲，君上拘捕了他们的父亲，恐怕于国不利，可将之召回后一网打尽。伍奢的两个儿子接到命令后踌躇不决，哥哥伍尚让弟弟伍子胥尽快逃离，说他足智多谋，将来足以复仇，自己必须回国都以求为父亲谋得最后一丝生机。于是伍子胥出逃吴国，伍尚回到国都后和父亲一同被处死了。

太子建的母亲则外联吴国，引吴国军队攻占了自己居住的城市，带着珠宝细软逃难到吴国去了。

楚国经历了这一系列风波，元气大伤。百姓对楚平王昏庸的怨气渐长，人民议论纷纷。令尹子常奉命修建都城，却听得百姓的声音，说修城墙乃是因为国家早已身陷于内忧外患之中，在如此内丧民心、外临敌国的情况下，把城墙堆得再高也无济于事。

楚平王九年（公元前520年），楚国对吴国动兵，却被反制，非但没有起到任何效果，反而被吴军偷袭，丢了两座城池，楚国就此一蹶不振。

用人才，既要开源更要节流

楚国在楚平王手中，可谓是内忧外患，而这一切，皆缘起于楚平王目不识人，楚地的忠良俊杰纷纷被排挤倾轧，被迫离国；奸佞宵小之徒，却充盈朝野，不离平王左右。朝中乌烟瘴气，朝外自然动荡难安，人心离散。

不过，纵观楚国存在、发展的历史，并非只有楚平王一人不辨忠奸。有一则典故，内容是春秋时著名的外交家蔡声子对于"楚材为晋所用"的一番论辩，准确而概括地反映了楚国国君不重视贤能之人，任其流向国外的状况，在一定程度上也揭示了为何楚国在与别国争霸的此消彼长的过程中每每落于下风的原因。

公元前574年，蔡声子为调解晋、楚两个大国的矛盾而游走其间，在与楚国令尹子木的交谈之中，他被问及倘若晋、楚两国的士大夫相比较，哪个国家的更为贤明，蔡声子掷地有声，"晋卿不如楚"，然"虽楚有材，晋实用之"。

蔡声子坦承，尽管晋国也重用王室宗族之人，但也大量使用楚国人才。楚国国君为人苛刻，喜好刑罚，楚国的士人屡屡被逼得逃离楚国，往别国任职，结果在别的国家展露才华，反过来为他国侵占楚国利益出谋划策。蔡声子以楚申公子仪之乱为例。在这场乱局中，楚大夫析公受到牵连，不得不投奔晋国，被奉为上宾。结果在晋楚之战中，正是他点出了楚军性情浮躁轻率，士气容易衰竭的弱点，帮助晋国军队大获全胜。

还有楚大夫雍子，被父兄诬告不能分说，只得逃亡晋国。在晋楚交战中，挽救了本来行将崩溃的晋军，令其鼓起士气以死相搏，最终反败为胜。更有如今伍举，因为娶了申公子牟的女儿，被申公子牟的罪过牵连，被迫蒙冤流亡郑国，日日盼望能够沉冤得雪，回到家乡。近日又来到晋国，倍加器重，跻身名臣之列，倘若他设计谋楚，可是防不胜防啊。

听到蔡声子一系列论说，令尹子木心惊肉跳，赶忙向楚康王进言，让其为伍举平反，将他迎回楚国。

可是，伍举的幸运仅仅是楚国臣子中极少数的个例。在楚国的宫廷之中，贤良之臣、忠勇之将，屡屡遭疑见弃，不得已为他国所用，进而反噬楚国，长此以往，楚国安能不败？

伍子胥可谓是这些人中最为惨痛的一个了。父兄被杀，只身逃往宋国，投奔为谗言所害、亦寄身宋国的楚太子建。然而，宋国彼时也是内乱频仍，政治环境极不安稳，本身就是客居此地的太子建、伍子胥自然难以长住，两人只好起行前往郑国。

郑国国君收留了他们，加以礼遇。无奈太子建贪心不足，为利诱冲昏头脑，竟许诺晋国，答应为晋国伐郑充当内应，事情败露，招来杀身之祸。太子建如此无行，和他一起的伍子胥在郑国自然处境危险，伍子胥冒死带着太子建的儿子胜出逃。

伍子胥的目的地是吴国，来到昭关关隘，守军早已得令，奉命缉拿他。正当危急之时，伍子胥寻得一只渡船，将二人搭载过江。伍子胥随即解下佩剑相赠，艄公不受作别而去。伍子胥来到吴国，这一时期的吴国处于一个高速上升期，经济、军事实力不断增长，广纳各国人才，对外野心勃勃。伍子胥在吴国自然受到了吴王僚的重视。他通过公子光的引荐结识了吴王僚，成为其袍下之臣。

当时，吴国作为新兴的大国，自然引起了楚国的警惕，况且两国接壤，更是冲突不断。公子光率军攻克了楚国的钟离、居巢之后，伍子胥趁机向吴王僚进言，建议他继续增兵，将楚国一举拿下。公子光却保持清醒，认为灭楚火候未到，伍子胥的建议不乏私人情感裹挟其中，因而不可取。吴王僚于是下令停火。

公子光与吴王僚并非铁板一块。吴王僚的爷爷吴王寿梦的三个儿子诸樊、余祭、余昧先后为王。余昧死后，他们的弟弟季礼不愿继位，因而让余昧的儿子，也就是吴王僚当了国君。公子光是寿梦长子诸樊的儿子，面对如此局面，心中自然难以平静，对吴王僚也是杀意暗起。伍子胥察言观色，对公子光的心思自然心知肚明。对于伍子胥本人而言，以一个寄身客的身份在吴王僚的朝中谋生计，肯定不如自己扶持一位新君，谋得一个功臣身份划算，也有助于他调动吴国的资源完成自己的复仇之志。

于是伍子胥暗中寻访，结识了后来成为历史上著名刺客的专诸，以恩义结纳，并将其推荐给公子光。自己则从吴王僚的朝中抽身而退，隐居田间，静观其变。

公子光没让伍子胥等得太久。楚平王死后，楚昭王即位，吴王僚趁新君初立，楚国时局未稳的机会大举进犯，却遭遇失利，匆匆回军。公子光趁吴王僚心神不宁之际，设宴为其压惊，席间专诸出手，吴王僚毙命，公子光成功上位。

公子光就是吴王阖闾，他自然不会忘记伍子胥的功劳，随即请回伍子胥，倚为心腹，共商国是。彼时，楚国又开始了对功臣及其家族的清算活动，有一批良将贤臣及其后裔出逃国外，吴国收获了楚国名臣伯州犁的孙子伯嚭，不过当时谁也不会想到此人日后竟成为导致吴国覆灭的祸患。

吴王阖闾志在千里，而眼前楚国就是吴国走向天下的试金石兼绊脚石。阖闾三年（公元前512年），伍子胥、伯嚭、孙武三人奉命率军攻楚，取得了小规模胜利，攻下了一座边城并生擒了从吴国叛逃楚国的两位公子。吴王阖闾此时失去了当年他作为公子光时的冷静沉着，力主乘胜追击，进军楚国国都。孙武谏言说，以吴国国力想要灭楚尚且不逮，国内百姓尚未脱贫者还有很多，而灭楚必然要组织大规模会战，消耗大量物力，对吴国而言，也要承担很大风险，不如暂退以图后进，阖闾同意了。

吴国的脚步不会停止，南方的越国，西边的楚国，屡屡成为其练兵的对象。吴国也在一次次胜利中壮大国力、积累经验、提升自信。终于，阖闾九年（公元前506年），吴王下定了和楚国决战的决心，而伍子胥，也等到了大仇得报的机会。此时，距离伍子胥出逃楚国已过十六年。

杀父仇人，死了也不能放过

伍子胥扶持吴王阖闾即位之后，吴国把矛头指向了楚国。楚国彼时正值政权交替之际，楚昭王即位不久局势未稳，费无忌借机兴风作浪，导致国家内乱不断。

费无忌把目标选定在了左尹郤宛身上，此人品性忠良，深得人望。费无忌在令尹子常那里对郤宛百般诋毁，一而再，再而三，令尹子常终究没能察觉奸邪，下令对郤氏一族抄家灭门，并且牵连到了平日与郤宛交好的士大夫家族。楚国顿时大乱。

费无忌的行为引发了民愤，晋、陈之族无法坐视如此暴行肆意发生在士大夫家族的身上，于是纷纷表态，质问令尹子常说费无忌和他的党羽鄢将师肆意妄为，简直就是在自立为王，为祸国家，令王室削弱。而这一切都在令尹的庇护之下，如此下去，国家怎么办。沈尹戌甚至当面向令尹子常发难，说王公大夫家族是国家的财富，怎能如此遭到毁弃？吴国正在耀武扬威，楚国若持续内乱将会陷入危机，到时候令尹子常本人也难以幸免。有智之人每每消灭谗言以求自安，而你子常却喜欢这样制造谗言的人，何其不智。令尹子常迫于舆论压力，只得杀死了费无忌、鄢将师。

楚国的令尹子常，是一个喜欢收受贿赂、听信谗言的人，为人昏聩而放荡。蔡昭侯、唐成公来访楚国，都因为没有在子常这里打点周到，而被扣留。蔡、唐国君在楚国的遭遇传遍天下，彻底将楚国的信誉破坏，于是各个小国纷纷投靠晋国，结为盟友，形成了针对楚国的强大震慑力。这一切，都拜令尹子常的贪婪所赐。

楚昭王四年，也就是吴王阖闾三年，吴国军队进犯楚国，抓回因阖闾篡位而背叛吴国的两位公子掩余、烛庸。吴王阖闾听从了伍子胥的提议，兵分三路，采用突然袭击，运动迂回的战法，搅得楚国边境不得安宁。四年之后，趁着桐国叛楚的机会，吴国出兵，在楚国的平叛行动中屡屡作祟，打败了令尹子常率领的楚军，顺手攻下城池，俘虏守城官员。可以说，吴军进犯边境的记忆，一直伴随着楚昭王当政的岁月，一年也没有停息。

公元前506年，吴王阖闾终于下定决心，集结军队与楚国决战。伍子胥、孙武意见一致，认为应当联合此前深受令尹子常侮辱的唐、蔡二国，以为助力。唐成公、蔡昭侯欣然率军助拳，三国联军浩浩荡荡杀奔楚国。

作为主力的吴军在豫章与楚军夹汉水对峙，吴国方面自然是伍子胥、孙武领兵；楚国方面主要由令尹子常和左司马戌带队。左司马戌根据形势，建议楚军兵分两路，他本人率一军绕道敌军后方，令尹子常正面冲锋，两相夹击，令敌首尾不能相顾。

子常并没有依计行事，其性格的劣根性再度作崇，出于担忧左司马戌争功的猥琐心态，令尹子常在左司马戌尚未深入敌后之际便下令抢攻，连折三阵，惊惶之下想要逃跑，但手下提醒他只有奋力死战，才能躲过他因为贪图贿赂导致敌寇入侵的罪责，子常只好屡败屡战。

是年十一月，两军再会于柏举，阖闾之弟夫概请命，要求率先出阵，冲击敌军。他认为令尹子常军心已失，只需大胆进击，敌军就会彻底崩溃。吴王出于谨慎考虑没有答应他的要求。夫概于是带领自己的亲兵在不知会吴王的情况下率先杀了过去，吴王见状只好挥军跟进，毁灭了楚国军队的主力。令尹子常从乱军中逃出，投奔郑国去了。随后，吴军又在清发围杀楚军余部，连战连胜，楚军又累又饿，疲于奔命。左司马戌率军拼死顽抗，部队渐渐凋零，独木难支，左司马戌本人身负重伤，不愿遭俘受辱，以自尽的方式结束了自己不屈服的一生。

吴军最终攻破了楚国都城郢，楚昭王只好踏上逃难的旅程，一路凄惶，在吴军的包围中穿梭横行，在云梦泽又遭到袭击，最终来到郧地。然而，楚平王与郧公有杀父之仇，此番楚昭王可谓自投罗网，郧公的弟弟急欲杀死楚昭王以告慰父亲在天之灵。郧公害怕徒增事端，阻止了弟弟，并将楚昭王送到了随人的地盘。吴军尾随而至，提醒随人回忆起当年楚国剿灭汉水一带各个小国的暴行，随人于是也想杀死昭王。

昭王的哥哥子期与昭王相貌相若，挺身而出，伪装成昭王的样子，要求随人将自己交给吴军，换取昭王的安全。随人对此也是犹豫不决，因为当年楚国虽然吞并了他们，但是实际上并没有彻底剿灭，反倒是颇多恩遇，令其自治至今，随人实际上与楚国没有深仇大恨。经过了一番占卜求问，随人认为就这样把楚昭王交出去会招致不祥，于是拒绝了吴人的要求，将楚昭王收留了下来。

伍子胥终于实现了自己的夙愿，再一次站在了郢城的高墙之上。让他颇感遗憾的事情有两点，一是楚平王已经死了，他无法享受到手刃仇人的快感；二是楚昭王逃跑，自己无法把满腔恨意发泄在平王的后人身上。不过对于伍子胥而言，这已经不再重要，重要的是他忍辱负重多年，终于等到了熬出头的这一天，成为了最后的赢家。他把楚平王的尸体从其祖坟中挖出来，狠狠地鞭笞三百下，算是告慰了父兄的在天之灵。

然而，楚国并没有就此消亡，一个叫申包胥的人成为了楚国的救世主，他是一名普通的楚国大臣，在危急之时奔赴秦国，在秦国宫城之外痛哭七天七夜，终于打动了秦国国君，成功找来了救兵，挽救了楚国奄奄一息的国祚。

另一方面，吴国的外交工作实际上也并不像吴国人自己想象的那么得力。自从攻入楚国国都后，吴国人发现自己成为了"失道寡助"的一方，加之吴国军队行事的确暴戾，由此吴国在舆论中由"讨逆者"变成了"侵略者"，吴楚战争的性质由此改变，吴国的合法性地位丧失殆尽。

就在申包胥带领秦国的救兵向楚国故土飞速驰援时，一直在隔岸观火的越国早已技痒，越国对吴国素无好感，两国之间屡屡发生摩擦。也正是由于有了吴国这个共同的敌人，越国与楚国的关系一直不错。因此，越国瞅准吴军入楚作战旷日持久，气势逐渐衰竭，并且陷入既要追缴吴军残余，又要镇压平定新占领的楚地的窘境这一大好时机，果断出兵，在吴军本就一团乱麻的战局上系下一个大大的死结。

吴国陷入了一个尴尬的境地：首先，作战逐渐不力，面对楚国的顽抗没有太好的办法；其次，秦国、越国的援军已到眼前，并且气势正盛，与之硬碰必然吃亏；最后，国际舆论已经倒向楚国，倘若执迷不悟，国家将丧尽人心，数十年努力积累下来的形象毁于一旦，今后将面临危险的外部环境。就在吴王阖闾进退两难的时候，又遇到了一件棘手的事情，弟弟夫概趁着自己深陷楚国的泥潭难以脱身，在国内意欲篡位。阖闾终于下定决心，从楚国抽身，回国清理门户去了。弟弟的篡位，竟然在客观上给了阖闾一个台阶，让他有了借口，避开了承认对楚作战无功而返的窘迫，这不能不说是一种讽刺。

阖闾不愧为一位有魄力的君主，杀奔回国后轻松地解决了自己的弟弟，打得夫概仓皇逃向楚国，这个自己曾经意气风发地踏过的国度。楚昭王竟也不计前嫌，给了他一块封地，毕竟这个人的谋逆之举，在客观上促成了楚国的存留。

阖闾难以平静，轰轰烈烈的开始竟然以这样一出闹剧收场，自己的灭楚壮志被现实打击得支离破碎。满心的不甘促使阖闾领兵再赴楚国边境，欲与秦楚联军一决雌雄，结果，先胜后败的戏码再度上演，小胜楚军一局之后，吴军被旋即出手的秦军连败三阵，再也没有嚣张的气焰。

楚昭王回朝，在论功行赏的同时秋后算账。不过逃离大难后的楚昭王深知人心之可贵，采取了一种怀柔的姿态，以封赏为主，对于自己在逃难时那些想要落井下石的人也既往不咎，因而在较短的时间内初步聚拢了离散已久的人心。

综观楚国这场大劫，为处于风雨飘摇之中的楚国敲响了警钟，虽然依靠百姓的顽强、外国的襄助以及吴国自身的内耗得以留全，但楚国长期以来的丧乱无形确是不争的事实。楚国就像一棵长满蛀虫的大树，虽然在山火的焚烧之中侥幸得存，但是很快，这些好了伤疤忘了疼的蛀虫又开始活动，让国家再度进入"亚健康"的生存状态。

哭出来的援兵

在吴国侵入楚国的战争中，申包胥无疑就是那个扭转了时局的人。

申包胥和伍子胥二人本为好友，同朝为官，为楚平王做事。楚平王听信谗言，谋害伍奢、伍尚的时候，申包胥正外出公干，未在朝中。伍子胥辗转逃难，在路上遇见了从宋国回楚的申包胥，此时楚平王所作所为已经传开，申包胥对伍子胥的遭遇也是心知肚明，二人相见格外尴尬。

伍子胥此时并未和朋友翻脸，他深知自己已经与过去的一切就此诀别，深知自己今后将以仇敌的面目出现在楚国面前,这是他的使命,也是他的尊严。于是他在申包胥面前发下毒誓,说自己将来一定要亲手埋葬楚国。这个誓言表明了伍子胥的心境,尽管他不愿意与朋友翻脸,但血海深仇背负在肩,人世间的一切都必须要为此让路,伍子胥除了决绝之外别无选择。

申包胥也别无选择,身为人臣,纵然君主无德无行,但心中家国天下的信仰不容侵犯。楚平王的错误,不应由楚国的百姓支付代价。而作为楚国男儿,更不能让自己的祖国倾覆在外敌侵略之手。诚然,老朋友的命运值得同情,但是国家利益高于一切,天下苍生的福祉高于一切。于是申包胥叹道,"即使你把楚国覆灭一时,我也会将其重新振兴。"

就在这一誓一叹中,一对老朋友分道扬镳。在这乱世之中,各自以自己认同的方式,坚守着自己的信仰,诠释着自己存在的价值,朝着截然相反的方向渐行渐远。

伍子胥历经磨难,苦苦地守候了十六年,在这十六年里,他洗尽铅华,学会了沉静。相比于十六年前那个热血青年,现在的他更能领会蛰伏的意义,他就像一把剑，每天都在完成自我历练和淬火，直到浴火重生的那一刻来临。

在这十六年中，申包胥经历了什么在史料中语焉不详，大概是因为他的生活太过平庸而不具备记上一笔的价值，但可以确知的是，他和楚国万千官员那样，为这个巨大的国家机器的运转提供助力。或许申包胥之于楚国，不过是一个小小齿轮。然而楚国之于申包胥，则是他人生的全部。

山雨欲来风满楼，楚国最终还是毁在了昏君佞臣的手里。相比于自己的老友伍子胥，楚昭王和他手下的那帮宵小之徒更要为楚国的覆亡承担责任，申包胥深知这一点。不过这对于他已经无所谓了，身为楚国臣，死为楚国鬼，裹挟在兵荒马乱中的申包胥始终没有忘记他的国、他的王，还有他的理想与志向。

伍子胥在这段日子里无疑是快意的，尤其是当他把仇人的尸骨从坟墓里拖出，狠狠地抽上三百鞭，十几年的郁结在这一瞬间得以化解。这一切对于伍子胥而言都是应得的，没有人知道他为此付出了什么，没有人知道他独自熬过的那些不眠之夜。这三百鞭犀利而清脆，驱散了萦绕在他心头整整十六年的梦魇。

对于此时的伍子胥而言，申包胥的出现极为不合时宜，申包胥扎破了伍子胥心中业已膨胀到极点的快感。逃难中的申包胥，给伍子胥传话，斥责他对楚昭王的鞭尸之举既忘恩负义又无君无父。这番言论越过了伍子胥的底线，对于伍子胥来说，自己背负深仇大恨忍辱负重之时，申包胥却过着锦衣玉食的太平日子，更无法理解他父兄被害的仇恨与痛苦，然而申包胥竟然在他大仇得报之时摆出一副高高在上的样子，以道德家的嘴脸来进行说教。

不过伍子胥并没有做出激烈的反应，因为在他看来，申包胥不过是因为楚国的灭亡而乱发议论而已，不会有什么作为。伍子胥的回话高傲而充满嘲讽，他嘱咐来人说他谢谢申包胥，自己因为路途遥远而心情急迫，所以采取了在你申包胥看来倒行逆施的方式。

申包胥心知伍子胥已经压抑太久，走得太远，不可能回头。于是转变思路，前往秦国求救，希望秦国念在曾和楚国联姻的情分上帮楚国一把。然而秦国国君不愿搅这趟浑水，拒绝出兵相救。申包胥顿时陷入绝望之中，这个男人不知道如何才能拯救他为之付出了一切的祖国，终于，他无法再坚持这些日子以来一直伪装出的坚强，靠在秦国的宫墙外嘤嘤哭泣。

申包胥的痛哭不仅仅在于国家的破亡、百姓的苦难让他心如刀绞，更在于面对这一切的自己竟是如此无力，只能眼睁睁地看着祖国被肆意蹂躏，自己的信仰为现实一点点吞噬。

哪怕是再麻木不仁的人也会为这个哭泣了七天七夜的人打动，秦国国君终于派出了援军，尽管只有五百乘战车。但这支军队，在申包胥的带领下，竟化出了惊人的战斗力，给予了楚国这个即将陷入黑暗的国家一抹希望和光明。

楚国得救了，申包胥和伍子胥的命运再度伸向各自的远方。申包胥选择了隐退，他拒绝了楚昭王的一切赏赐。这是一种姿态，希望向远方的伍子胥铭示自己的一片公心。这也是一种睿智，浸淫官场多年，他不可能看不清楚国的症结所在，深知此时功成身退是最好的选择。终究，申包胥也是一个活在矛盾中、苦苦求索却难以自解的人。

两个人的政变

白公胜,就是被费无忌构陷被迫逃亡的太子建的儿子。太子建在郑国被杀之后,伍子胥带着白公胜流亡吴国。而太子建的母亲,听说白公胜被带到吴国之后,就设计引吴军攻破了自己所在的城池,带着自己的财产,随吴军来到吴国,找到了白公胜,并抚养他长大。

白公胜在吴国一住三十余年,在这期间,他的祖国楚国因为连续不断的动荡已经元气大伤。吴国的连年用兵使得楚国上下疲于应付,国都被破、国君出逃更是奇耻大辱。虽然依靠着秦国和越国的出手相助避免了灭国的厄运，但是彼时的楚国，再也不是曾经的那个统领南方、虎视中原的强盛国家了。

楚昭王逃过一劫之后重新执掌大权，并重用了自己的两个兄弟——子西和子期，一起治理国家，慢慢地让楚国恢复正常状态。

楚昭王死后，他的儿子楚惠王即位。惠王二年，白公胜回国这件事被提上议程。主张迎回白公胜的，是当时已经担任令尹的子西，他认为白公胜好歹也是楚国王室的嫡亲，如今楚国已经恢复元气，不应当再让他旅居国外。叶公子高提出反对，认为白公胜为人狡诈无义，并且时时想着兴风作浪，回到国内以后祸患无穷。子西却认为白公胜为人忠勇，令其守备边疆正是人尽其才。叶公子高坚持己见，认为只有在符合仁爱、遵循道义的前提下才能谈得上忠勇，而白公胜为人偏执，虽然言出必践、事事躬亲却狂热而浮躁，并且很有野心，绝对不能召回。

叶公子高的劝告没有奏效，一年后，也就是楚惠王三年，子西将白公胜迎回了楚国，就此揭开了楚国又一轮内乱的帷幕。

白公胜奉命镇守吴、楚交界之地，屡次谏言要求伐郑，希望为父报仇。楚国非但没有满足他的愿望，还在楚惠王十年的时候出兵解救被晋国打得大败的郑国，就此结为盟友。这对于白公胜而言可以说是晴天霹雳，意味着他的复仇计划遥遥无期。

对于白公胜而言，自己回到楚国，最先要完成的使命，就是为父报仇，对象有两个，一是佞臣费无忌，由于楚昭王当初已经把费无忌满门抄斩，这个目标只好一笔勾销；二是郑国，虽然当初是太子建对好心收留他的郑国做了不义之事，死有余辜，但白公胜可不顾这些。白公胜是一个言出必践的人，至于他的诺言以及践诺的行动是否合乎道义、公理、人心，则不在他的考虑范围之内。

此时，白公胜的伐郑理想遭到了现实的阻挠，而这个"现实"，正是源于他的两个叔父，也是楚国的实权人物——子西和子期。白公胜对二人充满怨恨，不在于他们阻碍了自己的复仇，而在于他们阻止自己去实现当初的誓言。

这样的心态，不可避免地会加以扩大，这是以下犯上者的共同特点。白公胜也不例外,他很快就把自己的谋逆对象从子西、子期扩大到了楚惠王,而行动的最终目的也变成了让自己成为楚国的新君。

白公胜的狼子野心一开始没有引起子西的警惕。有一天子西的儿子平看到白公胜在亲自磨剑,便问何故。白公胜倒是直言不讳,说要杀掉他的父亲子西。平不敢怠慢,将白公胜的原话转告给了子西,子西竟不以为然地说白公胜就是自己庇护下的一只蛋,白公胜知道后杀意骤起,立誓要让子西不得善终。

白公胜在蛰伏的同时也在组织自己的队伍。他的心腹石乞给他推荐了一位可以力敌千钧的猛士熊宜僚,无奈不论二人如何软硬兼施,熊宜僚都不愿为他们去行不义之事。二人只好怏怏而回,石乞欲杀熊宜僚以防走漏风声,白公胜却相信熊宜僚虽不与其共谋,却也不会为了利益而出卖他们。

白公胜曾与孔子座谈,问孔子说自己私密的事情能否对别人说,孔子不答。白公胜再问说倘若把石块投入水中,会如何。孔子回答说善水者会将其捞出。白公胜说看来还是不能将私事外泄于人啊。孔子说这取决于外泄给谁了。

白公胜的野心人们也并非察觉不到。一日，石乞与屈建共饮，屈建问他白公胜是不是要作乱了。石乞欲盖弥彰，说没有这事，白公胜手下亲信不过数人，军力不满一千，怎么可能叛乱。屈建一针见血，说这就是他叛乱的原因，因为他并没有按照礼仪标准行事，显得心怀鬼胎。

楚惠王十一年，白公胜打败了进犯的吴军，便以向楚王进献战利品为由率军来到了国都，趁机杀入宫城，处死了令尹子西和司马子期，并劫持了楚惠王。

白公胜有勇无谋，凭着血气之勇控制了宫廷，却在如何处理国库和处置楚惠王的问题上没了主意。石乞建议把事情做绝，杀楚王、焚国库。白公胜犹豫不决，认为此乃不吉之举，况且烧了国库如何维持国家用度呢。

白公胜的政治资本也随着他的胡作非为而消耗殆尽。人们出于他是太子建的遗孤在一开始对其抱有同情，但是他在楚国上下正在齐心合力谋求稳定、发展的时候再度将楚国拉入内乱之中，与人心相背。对子西、子期两位人望颇高的大臣的无故滥杀更是暴露出了他残忍狰狞的面目。由此，白公胜落入了一个独木难支的境地。

在这样的局面下，白公胜也不敢贸然称王，于是他推出了自己的叔父子闾。子闾是楚昭王的哥哥，楚昭王死后曾经有机会登上王位，但他辞谢了，并且一力扶持楚昭王的儿子楚惠王继位，因此在宗族之中享有很高威望。白公胜希望利用他的名望稳定局势，但子闾不愿成为白公胜的傀儡，结果被恼羞成怒的白公胜杀死。

当初力劝子西不要迎回白公胜的叶公子高顺应民意，挥师杀奔国都，在民众的里应外合下剿灭了白公胜的部队。白公胜人心尽失，众叛亲离，独自出逃，被申鸣杀死在野山之中。

申鸣是楚国的大将，以孝闻名，白公胜作乱，一力邀其入伙，并以其父性命作为要挟，申鸣无奈只得相从。申鸣杀白公胜，其父却为石乞所害。申鸣认为自己既失身从贼，又不能保全父亲，做了不忠不孝之人，遂自刎而亡。

由此，白公胜之乱在叶公子高的手里得到了平息，楚惠王回到了国君的宝座上，子西、子期的儿子分别接任了父亲的职位，楚国恢复了原有的平静。

第七章

大国中兴，好运与智慧兼具的齐景公

天上真能掉馅饼

正当称霸多年的晋国人心尽失,雄踞南方的大国楚国也几乎被毁于一旦之际,沉寂多年的齐国又悄然复苏,一位英主的即位使齐国人又看到了称霸的曙光,然而这位英主的即位却是一场内乱造成的意外。

齐国棠公和东郭偃是亲戚关系,棠公的妻子棠姜是东郭偃的姐姐,而东郭偃又是崔杼的家臣。崔杼是齐国重臣,政绩卓著,对外征战也是战功赫赫,深得齐灵公器重。崔杼经常陪同太子光造访其他诸侯国。齐灵公死后,太子光即位,史称齐庄公。

齐庄公和他父亲一样对崔杼宠爱有加,君臣关系非同一般。

且说棠公仙逝，东郭偃和崔杼前去吊唁。看到棠公美貌的妻子之后，崔杼心为所动，于是旁敲侧击地暗示东郭偃，想娶他的姐姐过门。东郭偃乃是聪慧之人，并且对《易经》卜卦颇有研究，于是对崔杼讲："男婚女嫁不仅要门当户对，而且要辨别姓氏，姓名匹合方可嫁娶，我是桓公的后代，您是丁公的后代，不可结为亲缘。您如若不信可以卜卦以看吉凶。"

崔杼回去之后占卜，求得《困》卦变成《大过》，许多太史都认为这是吉兆之卦，只有宋文子面露担忧之色，对崔杼说："丈夫像一阵风，风把妻子吹落，这样是不能嫁娶的。这个卦的爻辞说：'被石头困住，坚守在了蒺藜之中，走进屋子便看不到妻子。'这是凶兆的表现。被石头所困，这代表着如果前去的话，一定会失败。坚守在蒺藜中，这意味着所要依靠的东西会让人受伤。走进屋子看不到妻子，是凶兆的表现，这意味着你将无家可归。"

崔杼此时心中早已对棠姜痴迷不已，全然不顾宋文子所说，反驳他："棠姜乃是一寡妇，她死去的丈夫已经应验了她的凶兆,我再娶她又有何妨?"于是不久之后,崔杼摆酒设宴迎娶棠姜过门。

怎奈宋文子所言一语成谶,由于崔杼乃是齐庄公重臣,所以齐庄公经常到崔府与其会面,见到崔杼美貌之妻,齐庄公也是垂涎三尺,一来二去,便与棠姜有了苟且之事。

齐庄公每一次到崔家与棠姜私通,都会把崔杼的一顶帽子赐给别人,手下侍从认为庄公此事做得欠妥,劝他不要如此羞辱崔杼。可是庄公却以此为荣,仍然我行我素。崔杼得知此事,虽然面不敢言,但是心中对庄公恨之入骨,想要找个机会杀掉他。

此时晋国内部发生了动乱,齐庄公想趁机灭掉晋国,于是派兵攻向晋国都城。崔杼心中暗想可以杀死齐庄公来讨好晋国,可是一直没有很好的机会。终于有一天,崔杼找到了一个叫作贾举的侍从,贾举刚刚被齐庄公处以鞭答的刑罚,因此对他怀恨在心,便与崔杼勾结在一起,商量杀死齐庄公的计策。

转眼到了五月,这天齐庄公在北城设宴款待前来朝见的莒子,崔杼称病没有前来。转天,齐庄公来到崔府看望生病的崔杼，名为看望，实为借机与棠姜私通。棠姜进到室内，崔杼则阴沉着脸走了出去，齐庄公高兴得拍着柱子唱歌。

贾举这时候让齐庄公的随从都退到门外，自己则带着几个甲士走进房间，关上了大门。进到房间的贾举和甲士见到作乐的齐庄公立马掏出利器，齐庄公见情形不对，迅速跳上高台，央求贾举免其一死，众人没有答应；齐庄公又请求在太庙自刎，众人还是没有答应，说："崔杼大人现在正病得厉害，我们不能按您所说的要求去做，我们奉命巡夜搜捕淫乱之人，其他的命令一概不得而知。"齐庄公见求生无望，求死不能，便跳墙想要逃跑。这时有人射箭击中了他的大腿，齐庄公掉到了墙内，众人一拥而上杀死了他。

崔杼并没有把齐庄公的尸体埋葬在城北，而是安葬在了士孙之里，陪葬品有四把长柄扇，没有武器、盔甲，送葬的只有七辆破旧不堪的车。

齐庄公死后，崔杼展开了"清洗"，贾举、州绰、邴师、公孙敖、封具、铎父、襄伊、偻堙都被杀死。赶回复命的祝佗父还没有脱下官帽就被杀死在崔杼的家里。申蒯作为管理渔业的官员，对自己的家臣头子说："你赶紧带上我的妻子、孩子逃走，我准备一死。"家臣头子却说："我不能扔下您就走，那样做太没有道义了。"于是申蒯和家臣头子双双自杀。

太史在对这一事件的记录中明确记载了是崔杼杀死了齐庄公。于是崔杼杀死了太史。后来太史的弟弟步其兄后尘，兄弟二人皆死于崔杼刀下。再后来，太史的另一个弟弟也记录崔杼杀死齐庄公的经过，这一次崔杼放手没有再去追究。南史氏先前听说太史兄弟都被崔杼杀死，于是愤愤不平地拿着自己写好的竹简前去讨回公道，可是听说最后是按照真实情况记载之后，南史氏便欣然返回。

闾丘婴想要逃跑，他将自己的妻子用车帷包起来，放到了车上，然后和申鲜虞一起仓皇而逃。途中，申鲜虞将闾丘婴的妻子从车上扔了下去，然后说："君主昏庸愚昧我们不能改正他的错误，君主处在危险境地的时候我们不能救驾，君主被人杀害我们不能以身殉国，如今狼狈逃跑，却只知道把自己的妻子用车帷包起来，不管我们最后逃到哪儿，有谁愿意接纳我们？"

二人的马车走到了弇中狭道，准备休息一夜。闾丘婴说："崔杼、庆封有可能来追杀我们！"申鲜虞毫无惧色道："如果是他们二人前来，我们人数相当，有何畏惧？"于是二人就住了下来。吃过饭喂饱马之后，二人头枕着缰绳入睡，醒来之后继续赶路。到了弇中，申鲜虞说："我们要加快速度了，崔杼、庆封如果派人来的话，我们不会是他们的对手。"二人赶着马车来到了鲁国。

晏子站在崔杼家的门外，侍从说："您准备以死以谢国恩？"晏子说："君主不是我一个人的君主，我为何要死？"侍从说："您准备逃跑吗？"晏子说："我又没有罪，为什么要逃？"侍从又说："您回去吗？"晏子说："君主都没有了，我们回到哪里去？君主既然被称作君主，难道只是为了喝令百姓？顺应民意、管理朝政才是主要任务。作为人臣，难道只是为了拿取俸禄？辅佐君主使国家富强才是臣子应该做的。如果君主的死是为了国家而死，逃亡是为了国家逃亡，那么我们为他而死、逃亡都是值得的。如果君主的死是因为他自己而死，那么除了那些他非常宠爱的人，谁又敢承担这个责任？如果别人是因为有了新的君主才杀死了他，那么我为什么要为他而死？为他而逃亡？我又能回到哪里？"

崔杼家的门开了，晏子进去之后号啕大哭，头靠在尸体的腿上。崔杼的手下这时候建议他杀掉晏子，可是崔杼说："他是受到老百姓拥戴的人，如果我杀了他，岂不是失去了民心？"

庄公死后，崔杼拥护景公继承大统，自己则出任右相，庆封为左相，与国内人相约在太公宗庙结盟，崔、庆二人巩固了在朝中的权势。晏子这时候只能仰天长叹："婴如果不依附忠君利国的人，有上帝为证！"

齐景公本来是齐灵公的幼子，没有资格继承国君之位，却因为这场内乱得以即位为君，可谓因祸得福，捡到了天上掉下来的馅饼。但是此时齐国仍然把持在权臣手中，想要真正掌握大权，齐景公还有很长的一段路要走。

求求你,帮我杀了我儿子

齐景公即位后,因其尚且年幼,朝廷大权旁落到崔杼手中。崔杼独断专行,迫害异己,庆封想要扳倒这个朝廷中的最大政敌,便想方设法地杀掉崔杼,以取代他的位置。

此时,崔杼家中出现内乱,庆封认为这是除掉崔杼的大好时机。他暗地里和崔氏子弟相勾结,资助崔杼的嫡子崔成和崔强兵器,杀掉了崔家的家臣棠无咎和东郭偃。闻听此事后,崔杼既感到气愤又非常伤心,他将家中的这一幕惨剧告知了庆封,庆封装作一无所知,对崔杼说:"这两个逆子竟敢以下犯上，我愿意帮助您教训一下他们！"崔杼天真地相信了庆封，说："如果你能帮我除掉这两个逆子，我愿意让我的儿子崔明认您为义父。"

得到崔杼的准许之后，庆封立马召集家中的甲士，让家臣卢蒲嫳带领一队人马杀了崔杼妻妾全家，所有的车马兵器都据为己有，而且放火烧了崔杼家的宅院。次日，庆封提着崔成、崔强的首级来向崔杼复命。崔杼看到两个儿子的脑袋，失声痛哭起来，此时他非常后悔让庆封这么做，但是因为先前已经允诺过庆封，所以强忍着悲痛对庆封称谢。

在回家的途中，崔杼悲伤过度，最后恍然大悟这是庆封的计谋，可是为时已晚，他在车上自缢身亡。

崔杼死后，庆封掌握了国家大权，但是庆封对朝政并无太大兴趣，整日饮酒作乐、骑马打猎，国家的事全权交给了儿子庆舍。后来，庆封带着妻妾来到卢蒲嫳家里享乐多日，朝廷中如果有庆舍无法定夺的大事情，官员们就会到卢蒲嫳家里拜见。

此时，庆封下了一条命令，说凡是逃亡在外的人，只要知道崔杼余党的消息，就可以回国报告，并且免除先前的罪名。卢蒲嫳之兄卢蒲癸于是回到齐国，到庆舍的家里做了一名家臣。卢蒲癸办事能力很强，深受庆舍的器重，后来庆舍把自己的女儿嫁给了卢蒲癸。

这时候庆舍家中其他的家臣问卢蒲癸："婚嫁往往都要避开同宗，禁忌同姓之间通婚，可是您为什么却不在意这些？"卢蒲癸说："既然连同宗都不避讳我，我又有什么好避讳的？这就好比作诗，有时候我们就会断章取义，我现在只要做好我该做的事情就行了，同不同宗的事情我没有心思管那么多。"后来，卢蒲癸又向庆舍推荐王何，说是他让自己回国的。后来两人都得到了庆舍的重用，成为贴身卫士。

卿大夫在朝廷办公用餐的时候，应该每天有两只鸡，但是经常被人在厨房里偷偷地换成了两只鸭子，并且把里面的肉都拿了出来，只给卿大夫送汤。卿大夫子雅、子尾知道其中的真相后非常生气。

庆封将这件事告诉了卢蒲嫳，卢蒲嫳说："把他们比作禽兽，今天我就要睡在他们的皮毛之上。"于是卢蒲嫳将这件事情转达给析归父，让他跟晏平仲说："我等还不能为人所用，即使说才智过人但是也没有好的主意，不过这些秘密我们发誓不会泄露半句。"析归父说："既然话已经说到这个份上，我绝对相信您的为人。"

随后，卢蒲嫳又将此事告知北郭子车，子车说："每个人侍奉国君的方法不一，这是我能做到的。"

种种情况让陈文子很是担忧，他对陈无宇说："国家的灾难恐怕马上就要发生了，我们能得到一些什么呢？"陈无宇说："在大街上得到庆封家族的一百车木头。"陈文子说："可以谨慎地保守住就行了。"

其实，卢蒲癸和王何并非与庆舍一心，卢蒲癸一心想为齐庄公报仇，他向庆舍推荐王何就是为了能有一个帮手伺机除掉庆氏在朝廷中的势力。

这天，卢蒲癸和王何为除掉庆舍而占卜，他们把卦象拿给庆舍看，说这是有人为了报仇所进行的占卜。一天，庆封来到菜地打猎，只有陈无宇跟随。这时候,陈文子召陈无宇回去,陈无宇向庆封请假说:"我母亲生病了,希望回去探望。"庆封这时给陈无宇的母亲占了一卦,结果是死卦,庆封也感到很伤感,于是就让他回去了。庆嗣听说陈无宇不在庆封身边,深感大事不好,赶快通知了庆封,让他回去,不然在秋祭的时候一定有大的祸患发生,如果此时回去,祸患还能够躲过。

可是庆封对庆嗣的话全然不听,庆嗣无奈地说:"我必须逃走了,如果能逃到吴国、楚国就说明我的命大。"陈无宇渡过河之后将桥梁和船只全部破坏。

卢蒲姜对卢蒲癸说:"如果想要事情成功,你必须一五一十地告诉我。"卢蒲癸于是将事情告诉了卢蒲姜。卢蒲姜说:"我父亲是一个性格固执的人,其他人不会说动他,还是让我去试一试。"

秋祭在太公庙举行,庆封亲自主持。卢蒲姜告诉他有人会借秋祭发动叛乱,劝他不要去。庆封全然不听,并且不相信有人会在这个时候造反,最终亲自前往太庙。

祭祀进行的时候，卢蒲癸和王何突然手拿寝戈，庆氏带领他的甲士将公宫全部包围。陈氏、鲍氏等观看养马人表演，因为担心庆氏的马会受惊，于是先前给它喝了一些酒。此时，栾氏、高氏、陈氏、鲍氏的兵士穿上了庆氏的皮甲，从袖子中抽出了槌子，敲了三下门，卢蒲癸向庆舍的后边刺去，王何则用戈猛击庆舍的左肩。庆舍手中没有兵器，只得一手拿着酒壶向攻击他的人扔去，另一只手抓着庙宇的椽子，不过最后庆舍还是被杀死。见到此景，齐景公非常害怕，鲍国说："大臣们是为了您才这么做的。"陈须无带着齐景公回到宫里，脱去祭祀的服装来到内宫，之后景公开始亲自管理朝政。

庆封听说儿子被杀，非常愤怒，派兵攻向王城，可是王城坚不可摧，士兵们只能纷纷溃散。庆封在齐国已经没有容身之地，于是逃到吴国，吴国国君将朱方这个地方交给了庆封，封给他为采邑，领取高额的俸禄，日子仍然十分富足。

庆封的现状被鲁大夫子服惠伯知道后，他对叔孙豹说："这是老天有意给这个淫人赐福吗？"叔孙豹说:"富足对于善人来说是一种恩赐,而对于淫人来说则是灾祸,依我看,庆封的好日子到头了,庆封的全族将要被消灭。"几年之后,楚国率领各个诸侯国向吴国发起进攻,庆封全族上下被楚国人杀死。

矮个子的大事业

管仲之后的一百年的时间里,齐国又出现了一位可以与之齐名的相臣,他便是晏婴。晏婴生在齐国的乱世时期,先后辅佐了齐灵公、齐庄公、齐景公三代君主,经历了崔杼和庆封两场朝廷的内乱。

春秋中期,战乱不断,曾为联盟盟主的晋国想要向齐国发起攻击。之前,晋国为了能够更详尽地掌握齐国的情势,派大夫范昭来到齐国都城。齐景公设宴款待范昭,酒过三巡,菜过五味,范昭借着醉意让齐景公为他敬一杯酒。齐景公命旁边的侍从将自己所用杯子的酒递给范昭,范昭接过酒一饮而尽。

这一幕被晏婴看在眼里,当范昭喝完酒,晏婴立马大声喊道:"赶快将这个杯子扔了,君臣之间岂能互换杯子,这不合乎礼节,这是对我主极大的不敬!"范昭之所以这么做确实是为了试探齐国人的反应,没想到这点阴谋诡计还是让晏婴识破了。

范昭回国之后,向晋平公汇报,认为目前还不是攻打齐国的最好时机,齐国有晏婴这样聪慧的贤臣,如果贸然出兵,不会有必胜的把握。晋平公权衡再三,觉得范昭说得有道理,便放弃了进攻齐国的打算,这便是"折冲樽俎"的典故。

晏婴的外交智慧还远不止这些,一次出访楚国,晏婴走进安排的馆驿之后,和前来迎接的楚国大臣展开了激烈的辩论。楚国下大夫率先向晏婴发难:"我有一事不明,齐国建国以来兵甲数万,富甲一方,成为谁都不可小视的大国,但为何只有齐桓公的时候称霸中原一时,现如今却不能领导各路诸侯了呢?我觉得以晏相国您的才智,再让齐国崛起实在是绰绰有余,可是如今却反倒和我们楚国结盟,我实在是不理解。"

晏婴回答说："识时务者为俊杰，自从周朝天子被架空之后，诸侯各国连年征战，我齐国之所以能够称霸于中原地区，天意为主，人为因素次之。况且晋文公如此雄才大略之人也有过逃亡的经历；秦穆公在西戎称雄，国力盛极一时，可惜其后代没有文韬武略之人，国力也就日渐衰弱。

"你们楚国，楚庄王之后经常受到吴国和晋国的骚扰，常年被战争拖累。难道只有我们齐国积弱不成？今日与你们楚国结盟，只是出于邻国友好往来的目的，你作为楚国的大臣，怎么会问出如此没有水准的问题？"

下大夫哑口无言，上大夫此时又不服气地质问道："齐国内乱不断，许多大臣为君而死，可是您作为堂堂的相国，既不讨伐乱臣贼子也不为君王殉国明志，您难道就不觉得愧不可当吗？"

晏婴厉声反驳道："这些都是小节，成大事者不能拘泥于小节，为君主舍命首先君主得是为国家社稷而死，君主如果是一个昏庸荒淫之人，做大臣的为何要为其而死？在我看来，那些死的人愚蠢至极。我之所以不动声色,并非因为我贪恋权位,而是留下来迎接新君明主。如果每个人都离开了朝廷,谁来辅佐新君,谁来振兴国家?内乱任何国家都发生过,你们楚国难道没有吗?"

上大夫无话可说,这时候又有人出来说道:"自古经天纬地之人都是仪表堂堂,可是晏相国你的身材矮小瘦弱,只是一个耍嘴皮子的说客,没有真本事,这种欺世盗名的事情你不觉得可耻吗?"

"锤小而重千金,桨长而被水淹,商纣王仪表堂堂却是亡国之君。我虽然没有高于他们的本事,很惭愧职于相位,我也不是和您争口舌之利,您问我问题,难道让我默不作声吗?"

晏婴接二连三的回答都令对方无所适从。晏婴头脑灵活,能言善辩,是一名出色的外交家。在朝廷之内,晏婴则是一位仁臣,他屡次向齐国国君进谏,辅佐君主管理朝政,齐灵公、齐庄公、齐景公都非常信任他,司马迁在《史记》中将其比为管仲。

晏婴礼贤下士,爱民如子,他倡导管仲的"欲修改以平时于天下,必须始于爱民"。晏婴坚持"意莫高于爱民，行莫厚于乐民"。一旦遇到大的灾荒，晏婴就会将自己家的粮食发放给灾民，并且建议国君放粮赈灾，因此晏婴深得百姓的爱戴。

在春秋那个战火纷飞的年代，晏婴是主和派的代表人物，齐国准备攻打鲁国，他劝谏齐景公"请礼鲁以息吾怨，遗其执，以明吾德"。齐景公最后接纳晏婴的陈谏，没有向鲁国发兵。

晏婴是齐国的三朝元老，为人正直，清正廉洁。在管理国家上，他一直遵循"廉者，政之本也，德之主也"的观念，从来不为自己的族人谋私利，也从来不接受下属送来的礼物，有时甚至将自己的俸禄周济给生活困苦的百姓。晏婴生活简朴，饮食以粗茶淡饭为主，穿衣都是"缁布之衣"，住所十分简陋，乃是"近市湫隘嚣尘，不可以居"之所。

晏婴性格谦和，孔子评价他是："不以飞之是驳人之非，逊辞以避咎，义也夫！"可以看出他的谦和与大度。晏婴生性乐观，淡泊名利，对死亡态度漠然，他认为人总是要死的，不管你是奸佞小人还是正人君子；不管是穷苦百姓还是达官显贵，死亡都是最后的结局，生老病死是一种自然规律。所以能在有限的时间里为国家社稷、黎民百姓多做一些事情，在晏婴看来是最有意义的一件事。

后人为晏婴撰有《晏子春秋》，这本书记录了春秋时期晏婴的思想、言行，是我国最早的一部短篇言行集。书中内容主要记述了晏婴和齐国国君的对话以及他为政期间发生的事情，语言生动、简练，将晏婴的形象非常传神地表现了出来。书中的寓言故事大多以晏婴为中心，具有完整的情节，主题明显，讽刺性极强，对后人在对外交往和为人处世方面具有很大的帮助和启迪。

从田穰苴到司马穰苴

司马穰苴本为田姓,是田完的后代。齐景公的时候,晋国和燕国分别派兵侵犯齐国的城池,晋国攻打齐国的甄城和东阿,燕国则举兵进犯齐国处在黄河南岸的领土。面对来敌,齐国军队节节败退,齐景公为此特别担心,苦于没有一个可以统领千军万马的大将军。

这时候,相国晏婴向齐景公推荐了身为平民的田穰苴。晏婴说:"田穰苴虽然出身卑微,但是他文韬武略,能够让全军将士接受他的指挥,并且能让敌人对他感到恐惧。希望你能够重用。"齐景公觉得晏婴推荐的人应该不会错,于是便下诏召见田穰苴。在交谈之中,齐景公和田穰苴共商军国大事,田穰苴侃侃而谈,对天下之事分析得准确透彻,令齐景公非常高兴,立马封他为将军,领军去和晋国、燕国作战。见到齐君如此看重自己,田穰苴谦虚地说:"我的地位非常卑微,一下子成为了将军,位置比大夫还要高,我想在军队中不会服众,百姓也会对此表示怀疑。如果我在军中没有树立权威,很难让全军将士团结一致,所以没有十足的把握取得战争的胜利。"

齐景公说:"那你想怎么办?"

田穰苴说:"希望您能够派一名宠信的近臣作为我的监军,这样我们便可以出征了。"其实这也正符合齐景公的意愿,派一名自己的心腹到军中,一来可以保持君主在部队里的威望,二来可以作为自己的眼线,回报军中的情况。于是齐景公爽快地答应了田穰苴,派宠臣庄贾去做监军。

和齐景公辞行之后,田穰苴找到庄贾,和他约定好次日会面的时间和地点。等到第二天,田穰苴早早地来到之前约好的军门前,竖起了一块用来计时的木表和漏壶，专门用来等待庄贾。这个庄贾平日里仗着受到齐景公的宠爱骄盈显贵、作威作福，这回也没有把监军这个职位放在眼里，认为自己是这个军队的首领，任何人都要听他的。于是庄贾在临走前和送行的亲朋好友饮酒作乐，一下子就忘却了时间。

到了正午时分，田穰苴见庄贾还没有赶来，便气愤地踢碎漏壶，打倒木表，回到军营之中巡视、整饬军队，现场订立了诸多军规。等到这一切准备完毕，天色也暗了下来，庄贾这才不慌不忙地来到军门前。田穰苴问他为什么来这么晚，庄贾不屑地解释说，是亲戚朋友前来送行，所以耽搁了。田穰苴厉声道："作为军队的将领，从接到命令的那一刻起就要忘记个人的交情、家庭和一切有碍于行军的事务，百事军令先。一旦交战的话，连自己的性命也要忘记。如今，晋国和燕国对我们齐国的领土不断地骚扰，眼看就要深入国境，况且国内骚乱还没有平定。前线的战士们已经浴血奋战多时，国君吃不下、睡不着，全国百姓的性命都维系在我们身上，怎能因为你的亲戚朋友为你送行而耽搁呢？"说完，田穰苴叫军正过来，问他军法规定对迟到的人应该怎么处罚。军正说："应当斩首。"庄贾听后非常害怕，派人飞快地报告齐景公，以挽救自己的生命。不过还没等送信的人赶回来，田穰苴便按照军法将庄贾斩首，见到田穰苴斩了君主委派的监军，三军上下为之一震。

没过多久，那个送信的使者回来了，手中拿着齐景公的特赦免死令牌，驾着马车冲进了军营之中。田穰苴说："将在军中，君令有所不受。"随后又问军正说："私自驾驶马车在军营里快速奔驰，这在军法上是怎么规定的？"军正说："军法规定当斩。"使者听了非常恐惧，但是田穰苴说："他是君主派来的使者，不能问斩。"于是就斩了马车上的车夫，杀了最左面的一匹马，砍断了车左边的一根立木，这一行为又让全体将士感到非常震撼。田穰苴命使者回去向齐景公报告，然后大队人马开始向前线进军。

军队行进的过程中，田穰苴对全体官兵关爱有加，士兵们安营扎寨，他就身体力行和大伙一起动手；士兵们挖井立灶，他就为其打水、点火；有的士兵在行军途中患上疾病，他不光探问疾病，而且专门安排医护人员进行照顾，安排医药，总之，军中每一件大大小小的事情，田穰苴都会亲自过问，抚慰他人。不仅如此，田穰苴还大公无私，他经常把自己分配的粮食全部拿出来款待伤病和作战有功的军人，自己每天则吃很少的粮食，没有特权，和士兵一样平均分配粮食，因此田穰苴在军中受到了广大官兵极高的拥戴。

这天，全军整装待发，准备出战。连身体患病的士兵也要求一同奔赴战场，为国英勇战斗。晋国军队见到作战勇猛、士气高昂的齐军，不得不往回撤退。燕国了解到齐军有这样一位英明神武的统帅，纷纷命令部队向黄河以北撤退，田穰苴命手下官兵全力以赴追击燕军，几场战斗下来，齐军收复了先前失去的领土，得胜而归。

部队还没有回到都城，田穰苴就解除了战备状态，取消了先前制定的规定和号令，宣誓立盟后才进入国都。得到前线大获全胜的消息，齐景公高兴不已，他率领文武百官来到城外迎接军队，为他们布置了最隆重的欢迎仪式，奖赏犒劳了三军将士。

回到王宫的齐景公专门接见了田穰苴，封他为大司马，后来人们便尊称田穰苴为司马穰苴。

田氏家族的地位在齐国一天天变得显赫起来，这引起了其他部族的嫉妒，高氏、鲍氏、国氏等部族在齐景公面前恶意中伤、诬陷田穰苴，造成了很坏的影响。齐景公听信谗言，解除了田穰苴的官职，田穰苴抑郁成病而死。

后来，齐威王派大夫研究从古到今所创立的各种"司马兵法"，将其归纳总结在一起，加上田穰苴所立兵法，合成一本书名叫《司马穰苴兵法》。司马迁在《史记》中对"司马兵法"大加赞赏，认为其宏大广博并且深不可测。

霸主轮流做，何时到我家

齐景公心中一直有光复齐桓公霸业的梦想，正是怀着这样的抱负，齐景公勤于政务，爱护臣民，任人唯贤，齐国的实力一天天地增长。对外交往中，齐景公不卑不亢，面对当时的霸主晋国，齐景公有力地维护了齐国的大国形象。

有一次，齐景公前往晋国东城祝贺刚刚即位国君的晋昭公。宴会期间，两位君主进行了一场投壶游戏，晋昭公先开始投壶，晋臣中行吴赞美说："在我们的地方上有丰富的肉，有和淮河水一样多的酒，如果我们的国君能够投中，那么我们晋国可以成为各诸侯的统帅。"本来这只是一场简单的游戏，但是中行吴这一番话说完，就变成了两国之间形象的比拼。

晋昭公一投，果然命中，文武百官欢呼雀跃，这回轮到齐景公，齐景公拿过投箭，也说："我们有和山岭一样多的肉，有和渑水一样多的酒，如果我这一次投中，将取代晋君的霸主地位。"说完，齐景公也是一箭命中。齐国与晋国在宴会中这种暗自的较量表现了齐景公不屈服于强者的姿态和富国强兵的抱负。

齐景公之所以敢在投壶游戏中和晋昭公挑衅，是因为齐国的实力日渐强大，而这种强大在日后的晋国内乱中体现得更为明显。

就在晋昭公认为晋齐之间的争霸苗头越发明显的时候，楚国这时候出了乱子，楚灵王被杀，即位的是楚平王。晋昭公认为这是巩固晋国霸主地位的最好时机，于是带领六卿之中五卿的军队进驻到卫国，通知其他诸侯国准备再次组成联军。

征得了周景王的同意后，晋昭公又派人询问齐景公的意见，景公认为此时齐国的实力还不是晋国的对手，只能按照它的要求行事，于是对来使说："加不加入会盟是你们大国说了算，我们齐国只能听从，你回去和晋昭公通禀，我一定会前去参加会盟。"使者回复晋昭公，晋昭公于是在平丘和其他诸侯国国君共同参观晋国的兵车，检阅部队。看到晋国的强大实力，各诸侯国都很震惊。

在这一过程里，晋昭公发现诸侯国中有些对晋国有二心，加入会盟只是畏惧晋国的实力。通过这次平丘之会，齐景公深深感受到齐国和晋国之间在军事实力上还有不小的差距，如果这时候对晋国撕破脸成为敌人，会让晋国六卿格外团结，一个团结的晋国是谁都不可战胜的。

也就是在这时，一个让齐国复兴的机会摆在了齐景公的眼前。此时，晋国国内的六卿势力非常强大，韩、赵、魏、智、范、中行等六个氏族把控着朝廷，君王已经没有了实权。然而这六个氏族之间并不团结统一，权力之争时有发生。晋国赵衰的后代赵鞅与赵夙之后邯郸午之间发生了冲突，赵鞅杀了邯郸午，邯郸午的后代于是率领家兵发动了叛乱，把持朝政的赵鞅领兵攻向邯郸。

后来,六卿之中与邯郸午有亲戚关系的范氏和中行氏帮助邯郸午的后人阻击赵鞅,这引起了六卿之中其他氏族的不满,于是韩氏和魏氏帮助赵鞅击败了范氏和中行氏。晋国内乱的消息传到了齐国,齐国的田氏从自己的利益出发,挑唆齐景公帮助已经无路可走的范氏和中行氏。《史记·齐太公世家》云:"田乞欲为乱,树党于诸侯,乃说景公曰:'范、中行数有德于齐,齐不可不救。'乃使乞救而输之粟。"

齐景公到处拉拢敌视晋国的其他诸侯国,并且自己重新组成了会盟,自称为霸主,为齐国重新恢复霸主地位在名义上占有优势。

齐景公首先拉拢的是郑国和卫国。《左传·定公七年》云:"秋,齐侯、郑伯盟于咸,征会于卫。卫侯欲叛晋,诸大夫不可。使北宫结如齐,而私于齐侯曰:'执结以侵我。'齐侯从之,乃盟于琐。"

《左传·定公九年》云:"秋,齐侯伐晋夷仪……晋车千乘在中牟,卫侯将如五氏,卜过之,龟焦。卫侯曰:'可也。卫车当其半,寡人当其半,敌矣。'乃过中牟。中牟人欲伐之,卫褚师圃亡在中牟,曰:'卫虽小,其君在焉,未可胜也。齐师克城而骄,其帅又贱,遇,必败之。不如从齐。'乃伐齐师,败之。齐侯致禚、媚、杏于卫。"

夷仪之战中,卫国帮助齐国攻打郑国,结果两国联合也不是晋国的对手。但是齐国为了感谢卫国能够倾囊相助,将媚、杏、禚三个邑送给了卫国。兵败之后,齐景公还亲自为战争中死去的人推丧车。

后齐景公与卫侯再一次组成联军,同其他诸侯国一起讨伐晋国。"齐侯、卫侯会于乾侯,救范氏也。师及齐师、卫孔圉、鲜虞人伐晋,取棘蒲。"这段时期,除了卫国和郑国加入到齐国所组织的联盟内,连一向和晋国关系不错的鲁国也加入到会盟当中。但是鲁国的加入是情非得已,他们此时视晋国为鲁国的最大威胁,所以只好先依附于齐国来应对晋国。双方后来在夹谷会盟,夹谷之会也确立了齐国对鲁国的霸权统治。

《左传·定公十年》云:"夏,公会齐侯于祝其,实夹谷。孔丘相。犁弥言于齐侯曰:'孔丘知礼而无勇，若使莱人以兵劫鲁侯，必得志焉。'齐侯从之。孔丘以公退，曰：'士、兵之！两君合好，而裔夷之俘以兵乱之，非齐君所以命诸侯也。裔不谋夏，夷不乱华，俘不干盟，兵不逼好。于神为不祥，于德为愆义，于人为失礼，君必不然。'齐侯闻之，遽辟之。"

齐、郑、卫、鲁四国组成联盟，共同谋划消灭晋国的方略，可以说从诸侯国支持的数量上齐国占据了优势。但是，与齐国结盟的这三个国家，地盘有限，实力羸弱，只能起到辅助进攻的效果，况且三国加入会盟有很大一部分原因是惧于齐国的威力，并非真心实意想要帮助齐景公。再加上齐国选择在晋国内乱的时候发起进攻，有趁火打劫之嫌，所以说道义上齐国也不占据优势。想要恢复齐桓公时期的霸业，仅靠现存实力和会盟的方式是不可能达到的，夷仪之战的失败其实也预示了齐景公的复兴大业不会成功。

齐景公组织了"反晋联盟"，几次攻打晋国，虽然没能真正打败晋国，取代晋国成为公认的诸侯霸主，但是几次混战下来，齐国却也在晋国边境攻占了大片土地，大大地扩张了齐国的疆域，增强了齐国的国力。

但是正当齐景公野心勃勃地打算进一步开拓自己的霸业时，一场内乱却将齐景公的梦想彻底化为泡影。原因就在于春秋晚期各国诸侯公室衰微，卿大夫势力崛起，齐国的大夫田氏家族从齐景公与晏婴推行的一系列富国强兵的改革中获得了极大的发展，拥有了驱逐公室，独霸齐国的力量。

齐景公去世以后，田氏家族的田乞发动政变，排除了齐国内的另外两大卿大夫家族高氏和国氏，独掌齐国大权，此后几十年、田氏的势力逐步坐大，最后终于完成了"田氏代齐"。